씨앗에서 숲까지 식물의 마법 여행 2

자연학교 02

씨앗에서 숲까지
식물의 마법 여행 2

초판 1쇄 펴낸 날 2018년 9월 10일
초판 2쇄 찍은 날 2020년 5월 20일

글쓴이 권오길
그린이 황경택
펴낸이 신수진
펴낸곳 지구의아침
등록 2013년 11월 8일 (제2013-000209호)
주소 서울시 서초구 신반포로33길64 1-604
전화 070-4175-0730
팩스 070-7757-0730
전자우편 saint0730@naver.com
디자인 나비
인쇄 현진프린테크

ⓒ 권오길, 황경택 2018

ISBN 979-11-956594-5-6
ISBN 979-11-956594-3-2 (세트)

- 많은 사람들이 최선을 다해 만들었습니다. 혹시라도 잘못된 내용이 있으면 연락주세요.
- 종이에 베이거나 긁히지 않도록 조심하세요. 책 모서리가 날카로우니 던지거나 떨어뜨리지 마세요.

- 이 도서의 국립중앙도서관 출판예정도서목록(CIP)은 서지정보유통지원시스템 홈페이지(http://seoji.nl.go.kr)와
  국가자료공동목록시스템(http://www.nl.go.kr/kolisnet)에서 이용하실 수 있습니다.(CIP제어번호: CIP2018020250)

씨앗에서 숲까지 식물의 마법 여행

권오길 글 | 황경택 그림

2

작가의 말

　많은 사람들이 과학과 우리 일상생활은 연계성이 거의 없는, 별개인 것처럼 생각합니다. 그리고 과학은 어렵고 딱딱한 것으로 여깁니다. 그래서 나는 사람들이 과학과 좀 더 가까워졌으면 하는 마음에서 오랫동안 과학 글쓰기를 해왔습니다. 과학을 생활화하고 생활을 과학화하자는 취지로 말입니다. 주로 전공 분야인 생물학에서 성인과 청소년을 위한 쉬운 글을 썼고, 몇 권의 어린이 과학책도 냈습니다. 그러다 보니 어린이들과 과학이 더욱 친해질 수 있도록 더 쉽고 재미나는 어린이 과학책이 많이 나왔으면 하는 바람이 들었습니다. 특히 어린이 과학 교육의 기본이 되는 교과 내용을 좀 더 쉽고 친절하게 알려 주는 책이 꼭 필요하다고 느꼈습니다. 책읽기를 통해 과학 공부를 쉽고 즐겁게 할 수 있으면 하는 바람이 있었지요.

　그래서 오랫동안 교과서를 연구 분석하고, 교과서와 과학이라는 힘든 주제를 어떻게 풀 것인가를 고민한 끝에 많은 과학 정보를 쉽

고 재미있게 알려주면서 그 내용을 교과서에 맞게 엮어낸 책을 쓰게 되었습니다.

　이 책이 어린이들에게 이제 먼 곳에 있는 과학이 아닌 가까운 과학, 생활 속 과학, 쉬운 과학으로 다가갈 수 있도록 이끌어 주는 길라잡이가 되었으면 합니다.

　《씨앗에서 숲까지 식물의 마법 여행》은 우리 일상에서 볼 수 있는 수많은 식물에 대한 이야기입니다. 잎, 줄기, 뿌리, 꽃, 씨앗과 열매의 생김새와 역할 그리고 씨앗에서 싹이 나고 자라 숲이 되기까지 식물의 한살이를 차근차근 친절하게 담았습니다.

　무엇이든 알고 나면 더 예뻐 보이고 사랑하게 되지요. 이 책을 읽고 나서 주변의 식물에 더 관심을 가지고 한 번 더 돌아보게 되길 기대합니다.

강원대학교 명예교수 권오길

더 깊이 있는 과학 정보와 폭넓은 과학 상식!

본문에 나온 내용 가운데 더 깊고 넓게 알아 둘 필요가 있는 내용은 따로 담았어요. 세밀한 그림은 좋은 학습 자료가 되고, 깊이 있는 내용은 훌륭한 과학 길잡이가 되어 줄 거예요.

한눈에 들어오는 그림 자료!

한눈에 펼쳐 볼 수 있는 포스터 같은 그림, 도표 등 다양한 부록이 학습 효과를 높여 줘요. 그림을 통해 읽었던 내용을 다시 한 번 정리할 수 있지요.

어디 있었더라? 궁금할 땐 찾아보세요!

책을 읽다가 '이 내용이 어디에 나왔더라? 몇 쪽에 있었지?'하고 찾게 되는 때가 있어요. 그런데 막상 찾으려고 하면 쉽지 않지요. 그래서 책을 읽은 뒤에, 또는 책을 읽으면서 필요한 내용을 쉽게 찾아볼 수 있게 뒷부분에 〈찾아보기〉를 실었어요. 궁금할 땐 〈찾아보기〉로 빨리, 쉽게 찾아 시간을 아끼세요.

차례

2권

빙글빙글 쭉쭉, 줄기의 모양과 하는 일 10

흙 속의 젖을 빠는 식물의 입, 뿌리 26

식물의 짝짓기 기관, 꽃 44

씨앗과 열매의 자손 남기기 72
• 민들레 씨앗의 비행 84

마치는 글 86

부록
한눈에 보는 식물의 생김새와 분류 88

식물 찾아보기 94

1권

들어가는 글 10

식물은 이렇게 살아가요 12
- 화분에는 왜 구멍이 뚫려 있을까? 36

식물을 나누어 보아요 38
- 대나무는 나무일까, 풀일까? 54

길쭉길쭉 넓적넓적, 여러 가지 잎의 모양 56
- 이게 잎이었다고? 잎의 변신 78

잎은 쉴 틈이 없어요 80
- 기공을 관찰해 봐요 104

식물 찾아보기 106

빙글빙글 쭉쭉, 줄기의 모양과 하는 일

반은 빨강, 반은 파랑, 관다발이 보여 주는 것

식물의 종류는 무궁무진하기 때문에 식물마다 줄기의 모양이나 길이, 단단하기가 각각 다릅니다. 식물의 줄기를 몇 가지 기준에 따라 비교해 볼까요?

식물의 줄기는 약한 것도 있고 아주 딱딱한 것도 있습니다. 약한 것을 '풀줄기', 딱딱한 것을 '나무줄기'라 합니다. 풀줄기를 가진 식물을 풀, 나무줄기를 가진 식물을 나무라고 하지요. 풀은 씨로 싹을 틔워 1년 동안만 사는 한해살이 식물이 대부분이지만, 나무는 여러 해 동안 사는 여러해살이 식물입니다. 이 이야기는 앞에서 외떡잎식물과 쌍떡잎식물을 비교하면서 알아보았습니다.

줄기는 풀이든 나무든 나름대로 질기게 잘 여문 겉껍질, 즉 표피를 갖고 있습니다. 대나무나 조릿대는 줄기 겉이 매끈하고, 은행나무나 소나무, 자작나무, 대추나무는 꺼칠꺼칠한 특성이 있지요. 표피가 얼마나 거친가 하는 것도 식물에 따라 조금씩 서로 다릅니다.

표피 안에는 '피층'이라는 두꺼운 층이 있습니다. 그 안에는 '관다발'이라는 것이 있고요.

소나무나 잣나무, 자작나무 등의 표피는 아주 두껍습니다. 우리가 겨울에 두터운 코트를 입고 있듯이, 이들도 옷을 한 벌 입고 있는 것과 마찬가지입니다. 이러한 나무들의 표피는 날씨가 추워지면 두툼한 외투 역할을 하며, 여름에는 더위를 막아 줍니다. 그리고 벌레들이 함부로 파고 들어오지 못하게 하는 일도 합니다.

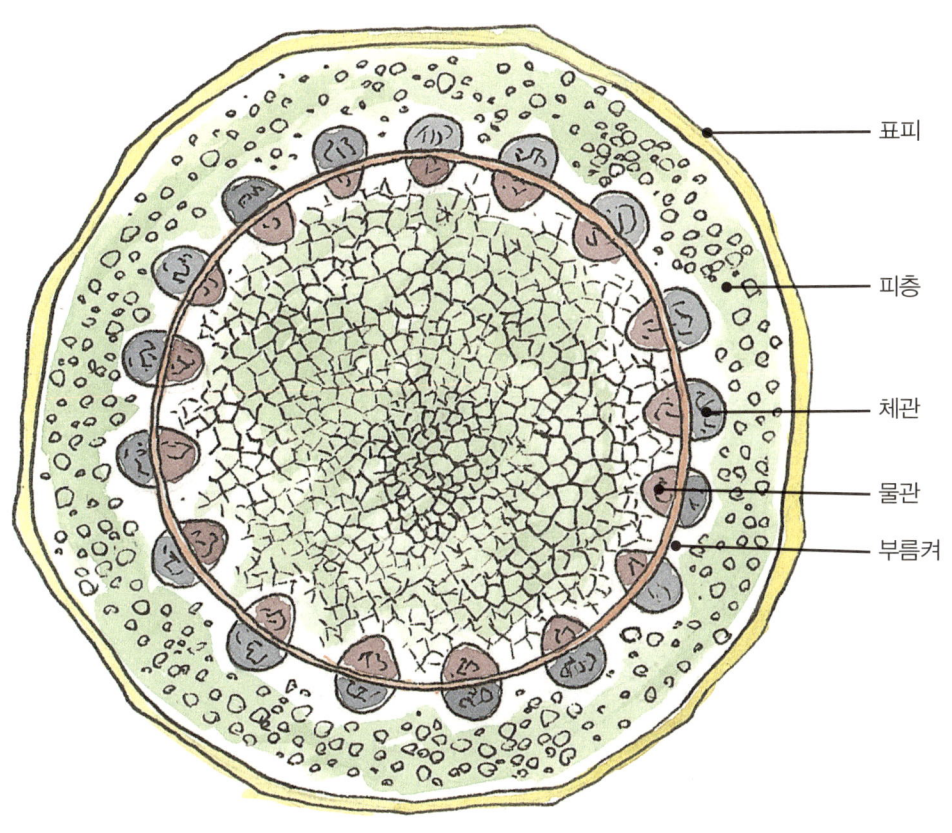

쌍떡잎식물의 관다발

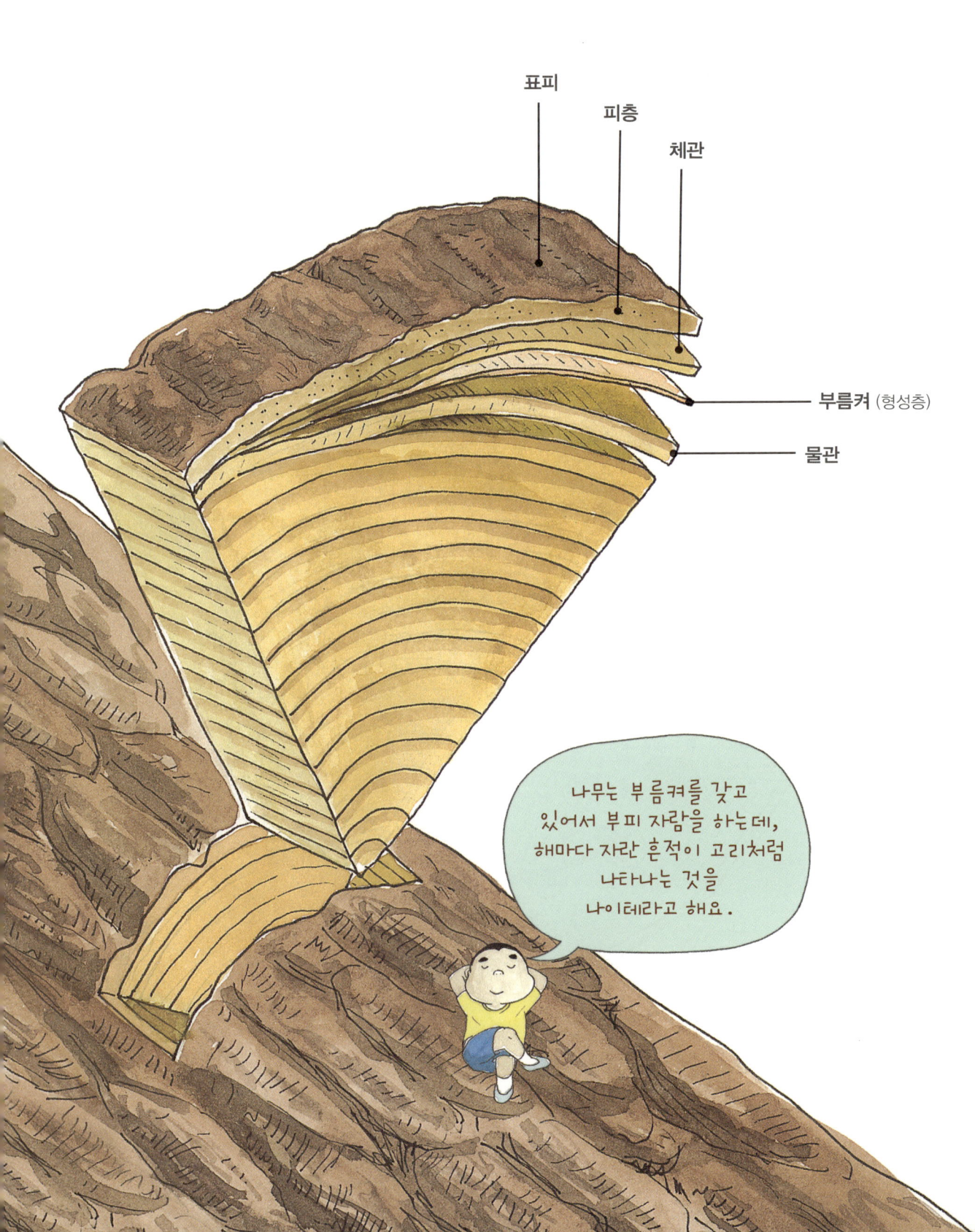

물관과 체관을 함께 묶어 관다발이라 한다고 했습니다. 물관은 뿌리에서 빨아들인 물을 잎이나 줄기로 옮겨 주는 관이고, 체관은 잎에서 만들어진 양분을 줄기나 뿌리로 옮겨 주는 관입니다.

> 풀은 부름켜를 갖고 있지 않아요. 그래서 부피가 자라지 못 한답니다.

식물의 종류에 따라서 이 관다발이 난 모양이 다릅니다. 백합과 같은 외떡잎식물은 관다발이 줄기 전체에 골고루 퍼져 있지만, 장미와 같은 쌍떡잎식물의 관다발은 바깥 둘레에 둥그렇게 돌아가면서 나 있습니다.

외떡잎식물은 물관과 체관 사이에 '부름켜'가 없습니다. 부름켜는 형성층이라고도 하는데, 이것이 있어야 식물의 부피가 자랄 수 있습니다. 즉 굵어질 수 있다는 말입니다.

쌍떡잎식물은 물관과 체관 사이에 부름켜가 있어서 줄기의 부피가 매년 자라 굵어질 수 있지만, 외떡잎식물은 부름켜가 없어서 부피가 두꺼워지지 못합니다.

여기서 물이 관다발을 타고 올라가는 현상을 알아보는 실험 과정을 하나 살펴볼까요?

관다발을 통해 물이 이동해요

1. 빨간색과 파란색 식용 색소를 각각 물에 탑니다.

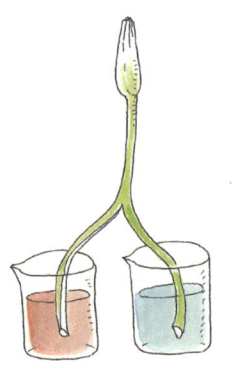

2. 흰 백합 줄기의 밑부분 20cm정도를 반으로 자릅니다. 그런 다음 두 부분으로 나눈 줄기를 각각 두 가지 색소가 담긴 컵에 담급니다.

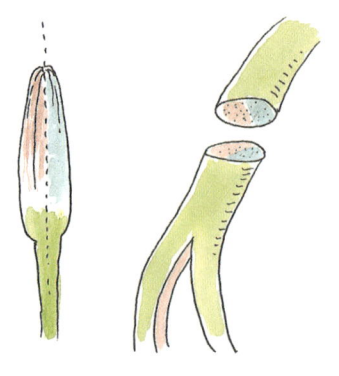

시간이 흐른 뒤 백합 꽃송이의 반은 붉은색으로 물들고 반은 푸른색으로 물든 것을 볼 수 있습니다. 붉은 색소의 컵 쪽은 붉게, 푸른 색소의 컵 쪽은 푸르게 염색이 된 것이지요. 컵 속에 있던 물이 줄기를 타고 올라왔음을 알 수 있습니다.

면도칼을 이용하여 이 줄기를 가로 세로로 잘라 보면, 가로로 자른 면이 반은 붉게 반은 푸르게 물들어 있는 것을 볼 수 있습니다. 잘 들여다보면 진하게 물든 것이 줄기에 점점이 흩어져 있지요. 그것이 바로 관다발입니다. 이것으로 물은 식물의 관다발을 타고 올라간다는 것을 확인할 수 있습니다.

줄기를 세로로 잘라 보아도 한쪽은 빨갛게, 다른 쪽은 파랗게 물들어 있는 것을 알 수 있습니다. 백합이 아닌 카네이션이나 장미 같은 것들로 실험해도 같은 결과가 나타납니다.

이렇게 식물의 줄기는 물을 운반하며, 물은 줄기 속의 작은 모세관을 타고 오릅니다. 그 관을 물관이라고 합니다.

나이테가 없는 나무도 있어요

부피 자람을 하는 나무에는 해마다 자란 흔적이 고리처럼 나타나는데 이것을 '나이테'라고 합니다. 나이테의 개수를 헤아려 보면 그 나무의 나이를 알 수 있습니다.

자른 나무를 자세히 들여다보면, 나이테가 하나는 엷은 색이면서 두께가 두껍고 다른 하나는 진하고 좁다는 것을 알 수 있습니다. 그 둘을 합쳐야 1년에 해당하는 나이테가 됩니다. 폭이 넓은 테는 날씨가 따뜻한 봄과 여름에 자란 것이고, 좁은 테는 가을에 주로 자란 것입니다. 봄이나 여름의 테보다 가을에 자란 것이 더 딱딱합니다.

그러면 날씨의 구별이 잘 되지 않는 열대 지방의 나무에서도 나이테를 볼 수 있을까요? 열대 지방은 내내 더운 곳이라 봄, 여름, 가을, 겨울의 구별이 없어요. 그래서 나무 줄기의 부피가 자라더라도 계절에 따라 차이가 없기 때문에 나이테가 생기지 않습니다.

나무줄기의 관다발은 체관이 밖에 있고 물관이 안에 있습니다. 나

봄과 여름에 자란 부분

가을에 자란 부분

무의 겉껍질 바로 안에 체관이 있고, 그 안 딱딱한 나무질 안에 물관이 들어 있는 것입니다.

만약 한 나무의 줄기 일부를 낫으로 벗겨 버렸다면 어떤 일이 일어날까요?

겉을 벗겨 버렸으므로 체관이 다쳐서 없어져 버립니다. 그러나 물관은 속에 들어 있어서 다치지 않고 생생합니다. 따라서 물은 뿌리에서 위로 아무 일 없이 잘 올라갈 수 있습니다.

그러나 체관이 없기 때문에 잎에서 만들어진 양분이 뿌리로 내려갈 길이 없습니다. 따라서 아무리 물을 많이 주더라도 그 나무는 살 수 없습니다. 뿌리가 배가 고파 말라 죽어 버리기 때문입니다.

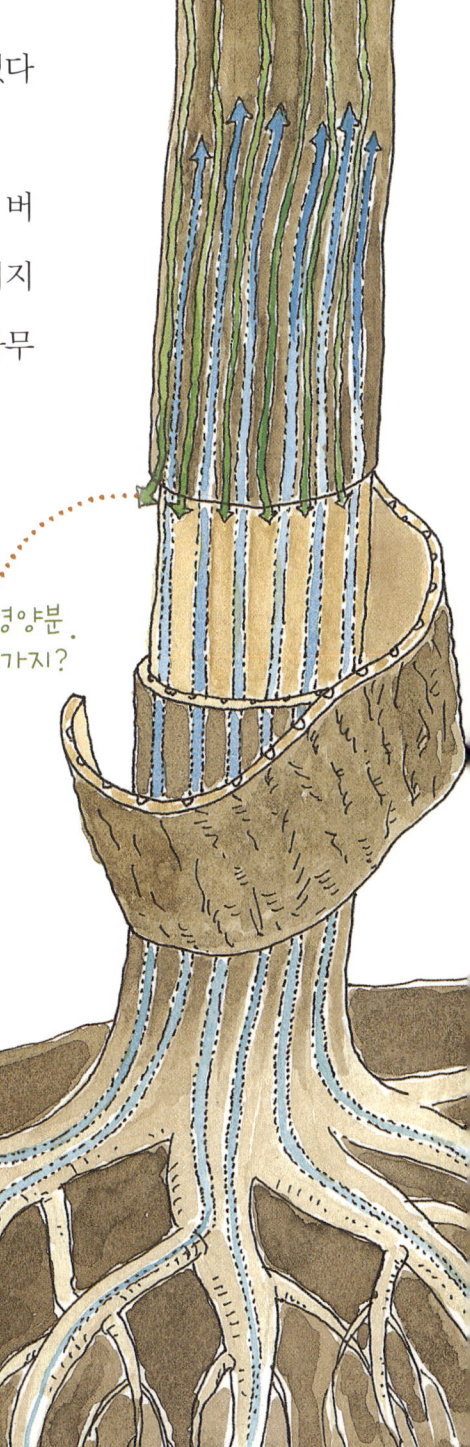

우리는 영양분 어디로 가지?

하늘 끝까지 감아 올라가요

줄기가 하는 가장 중요한 일은 식물의 몸을 똑바로 서게 해서, 다른 식물보다 키가 더 크게 하는 것입니다. 조금이라도 더 키가 커야 빛을 더 많이 받을 수 있기 때문이지요.

나무 세 그루를 서로 가깝게 심어 놓고 자라는 모습을 보면 재미있는 현상을 발견할 수 있습니다.

가운데 것은 빛을 받는 양이 적어서 곧고 높게 자랍니다. 그러나 양쪽에 있는 것들은 방해되는 것이 없어서 빛을 받는 면적이 넓기 때문에, 옆으로 펑퍼짐하게 자라면서 키가 조금 작습니다. 그래서 '나무도 모아 심어야 곧게 자란다.'는 말이 있나 봅니다. 모아 심으면 빛이 부족하므로 빛을 조금이라도 더 받기 위해서 줄기가 하늘로 솟아 곧게 자라는 것입니다.

나무 한 그루를 따로 심었을 때와 비교해 보면 보다 분명히 알 수 있습니다. 모아 심은 나무들과 따로 심은 나무 한 그루, 두 가지 경우를 비교했을 때 어느 쪽이 그 나무의 정상적인 원래 모습일까요? 물론 혼자 심어 둔 나무가 원래의 제 모습입니다. 화단이나 가로수의 나무들은 사람이 손질을 하여 모양이 바뀐 것입니다.

나무를 여러 그루 모아 심으면 가운데에 있는 나무는 햇빛을 받는 데 어려움이 있어요. 그래서 가운데 있는 나무는 부족한 햇빛을 더 많이 받기 위해 양쪽에 있는 나무보다 더 높고 곧게 자란답니다.

햇빛을 많이 받으려면 키가 커야 해!

이렇게 나무도 자기가 처한 환경에 적응하여 조금씩 모양을 바꿉니다. 나무 줄기는 식물의 몸을 지탱해 주고, 물과 양분이 지나가게 해 주는 통로가 되며, 그 일을 잘하기 위해 때로는 모습을 바꾸기도 합니다.

그런데 모든 식물이 태양을 향해 위로 곧게만 자라지는 않습니다. 식물의 종류에 따라 줄기가 뻗는 모양이 다릅니다.

딸기와 메꽃, 담쟁이를 예로 살펴보면 쉽게 알 수 있지요.

딸기는 줄기가 땅바닥을 슬슬 기어갑니다. 이것을 가리켜 '기는줄기', 즉 '포복경'이라고 합니다. 줄기 끝이 기어가서 새로운 마디를

딸기(기는줄기)

만들고, 거기에서 뿌리와 잎이 나면서 새로운 생물체를 만들어 냅니다. 또 거기에서 새로운 줄기를 내서 옆으로 퍼져 나가지요.

또 메꽃의 줄기는 나뭇가지나 다른 나무의 가지를 감고 올라가고, 담쟁이는 덩굴손 끝에 납작한 빨판이 있어서 그것을 담장이나 나무에 붙입니다. 그 빨판은 나중에 뿌리를 내려서 줄기를 달라붙게 하고 양분을 빨아들입니다. 이 식물들은 모두 '덩굴줄기'에 해당돼요.

그런데 감는 모양을 잘 관찰해 보면 식물마다 다릅니다. 메꽃이나 칡 같은 것들의 덩굴은 오른쪽으로 감고 올라가지만, 작두콩이나 등나무는 왼쪽으로 감아 올라가지요.

메꽃(덩굴줄기)

서로 주장하는 것이 달라 조화를 이루지 못하고 사이가 좋지 않은 모습을 '갈등'이라고 합니다. 이 말은 다른 방향으로 감아 올라가는 칡과 등나무가 서로 얽히는 모습을 보고 만들어진 말이에요. 갈등(葛藤)의 '갈(葛)'은 칡나무, '등(藤)'은 등나무를 뜻하는 한자랍니다.

23

땅속에서 자라는 줄기는 '땅속줄기', 즉 '지하경'이라고 합니다. 대나무, 칸나, 생강, 감자 등은 땅속줄기에 양분을 저장하여 번식합니다. 우리가 먹는 감자는 열매가 아니라 줄기랍니다. 땅 위에 있는 감자의 줄기는 지상경, 땅속에 있는 감자 덩이는 지하경인 것입니다.

감자 덩이에는 눈들이 있습니다. 눈과 눈 사이가 하나의 마디가 됩니다. 감자를 뽑아 보면 잔뿌리들이 많이 나 있지만 덩이는 아주 매끈한 것을 볼 수 있습니다. 그런데 고구마 덩이는 덩이 자체에 작은 뿌리가 여러 개 붙어 있는 것을 볼 수 있고요.

그러므로 우리가 먹는 고구마는 '뿌리'에 해당합니다. 즉 감자는 줄기를 먹고 고구마는 뿌리를 먹는 것입니다.

고구마(뿌리)　　　　　　　　　　**감자**(땅속줄기)

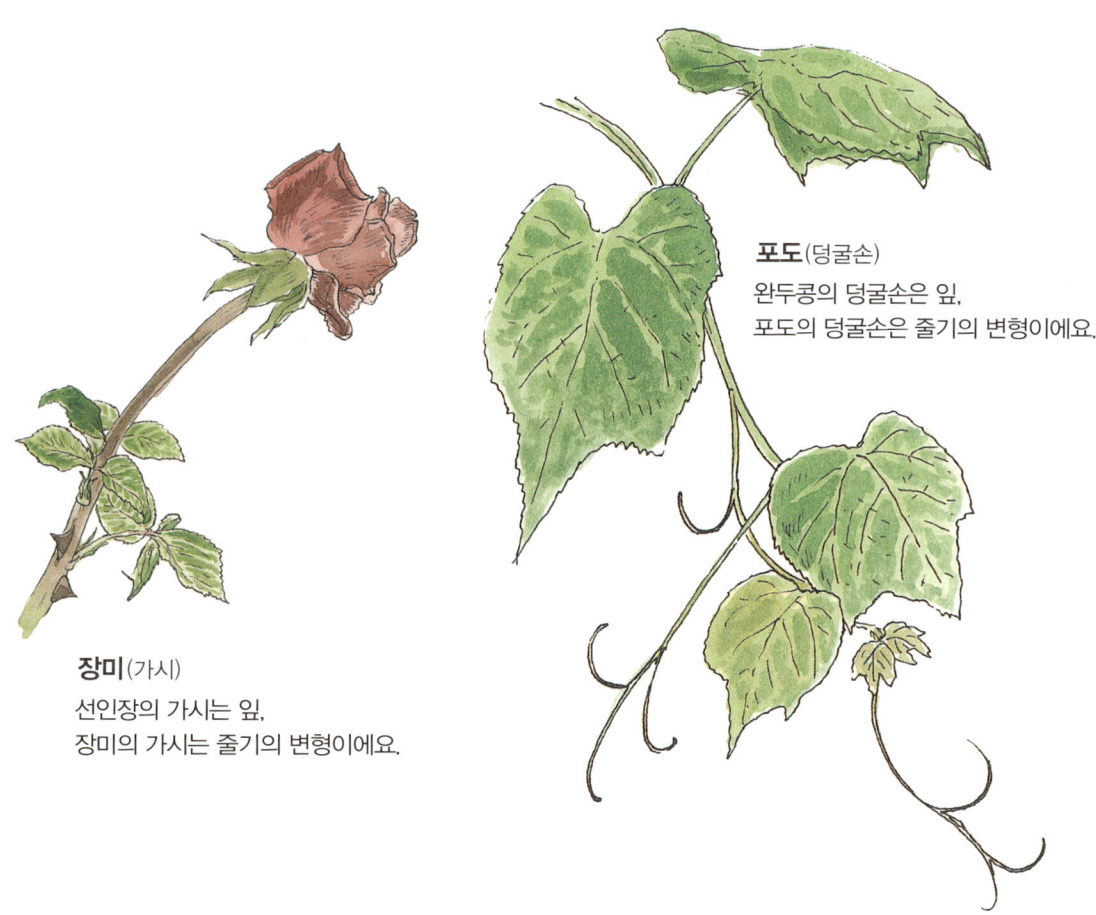

포도(덩굴손)
완두콩의 덩굴손은 잎,
포도의 덩굴손은 줄기의 변형이에요.

장미(가시)
선인장의 가시는 잎,
장미의 가시는 줄기의 변형이에요.

줄기는 필요에 따라 모양과 쓰임새가 바뀌기도 합니다. 줄기가 덩굴손으로 바뀐 것도 있습니다. 주변의 물체에다 덩굴손을 돌돌 감아서 자기 몸을 지탱하는 대표적인 것으로 오이, 호박, 포도가 있습니다. 이것들의 덩굴손은 줄기가 바뀐 거예요.

줄기가 가시로 변형된 것도 많습니다. 장미나 찔레, 산사나무 등의 가시는 줄기가 바뀐 결과입니다.

흙 속의 젖을 빠는 식물의 입, 뿌리

뿌리를 내려야 모든 일이 시작돼요

뿌리 깊은 나무는 바람에 흔들리지 않는다는 말이 있습니다. 또 뿌리 깊은 나무는 가뭄에도 잘 견딥니다. 식물에 있어서 뿌리가 하는 일은 이 두 말에 다 들어가 있답니다.

물이 풍부한 곳이나 물속에 사는 식물은 뿌리가 약하거나 거의 없다시피 합니다. 그러나 무척 메마른 땅에 사는 식물은 뿌리를 깊게, 멀리 뻗어 내립니다. 이것은 식물이 저마다 환경에 적응하고 변화한 결과입니다. 좋은 환경에서만 살아 와서 다른 환경에 익숙하지 않은 생물은 갑자기 나쁜 환경에 처하면 그만 죽고 맙니다.

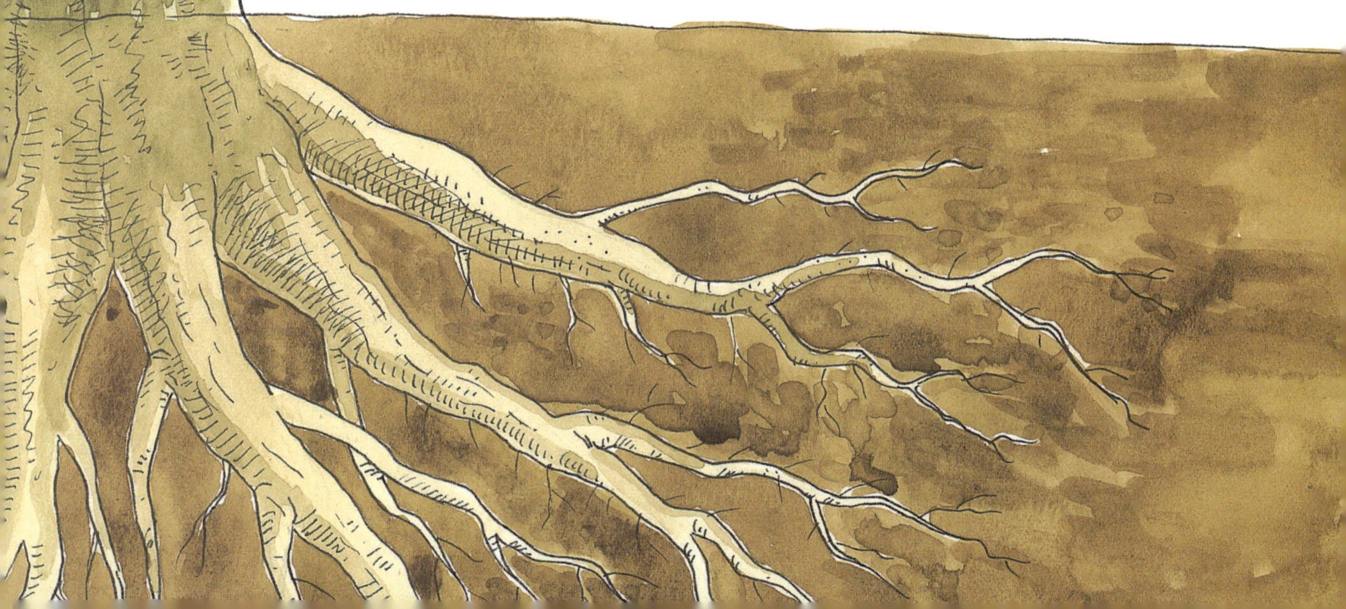

동물이나 사람도 마찬가지입니다. 안정된 환경에서만 사는 생물은 좀처럼 변하지 않지만 어렵고 힘든 환경에 놓인 생물은 그것을 극복하기 위해서 몸이 변합니다.

　마찬가지로 편한 환경에서만 살아가는 사람은 진화, 곧 발전이 없습니다. 마치 물이 넉넉해서 굳이 뿌리를 내릴 필요가 없는 물속 수초처럼 말이에요.

　뿌리를 내린다는 것은 식물이 '시작된다'는 뜻입니다. 씨앗에서 뿌리가 내리고 그것이 자라서 풀이 되거나 나무가 되니까요. 그래서 식물은 자리를 잘 잡아 뿌리 내리기를 잘 해야 합니다. 또 뿌리 없는 나무는 없다고 하며, 뿌리 없는 나무에는 잎이 피어나지 못합니다. 이렇게 뿌리는 식물의 시작과 끝을 결정하는 중요한 기관입니다.

　뿌리는 식물의 종류에 따라 각기 다릅니다. 흙 속에 파묻혀 있는

큰 나무가 되기 위한 첫걸음을 떼자!

식물의 뿌리를 눈으로 보기 위해서는 뿌리 채집을 해야 합니다. 뿌리를 뽑으려면 쉽지 않지요. 그냥 아무렇게나 뽑아 버리면 잔뿌리가 떨어져 나가기 때문입니다. 가는 뿌리들이 흙을 꽉 붙잡고 있어서 그렇습니다.

따라서 먼저 채집할 식물에 물을 충분히 뿌린 다음, 흙에 물이 잘 배어들게 놓아 둡니다. 그런 다음에 모종삽이나 삽을 이용하여 줄기에서 좀 멀리 떨어진 부분의 흙을 깊게 떠냅니다. 그러고 나서 흙을 잘 털고 물에 씻으면 됩니다.

자, 그럼 명아주와 강아지풀의 뿌리를 비교, 관찰해 볼까요?

명아주의 뿌리는 가운데에 굵고 긴 '원뿌리'가 있고 거기에 가느다란 '곁뿌리'가 많이 나 있습니다. 그런데 강아지풀의 뿌리는 줄기에 여러 개의 비슷한 뿌리가 뭉쳐서 나 있습니다. 이런 뿌리를 '수염뿌리'라고 합니다. 명아주 뿌리가 강아지풀 뿌리보다 더 깊게 땅 밑으로 파고 들어갈 수 있습니다.

어느 뿌리든지, 뿌리 끝에는 우리 눈에 보이지는 않지만 현미경으로 볼 수 있는 '뿌리털'이 수많이 붙어 있습니다. 이 뿌리털들이 흙 속의 물과 무기양분을 빨아들입니다.

뿌리털은 뿌리의 겉껍질인 표피가 변한 것입니다. 접시에 솜을 깔

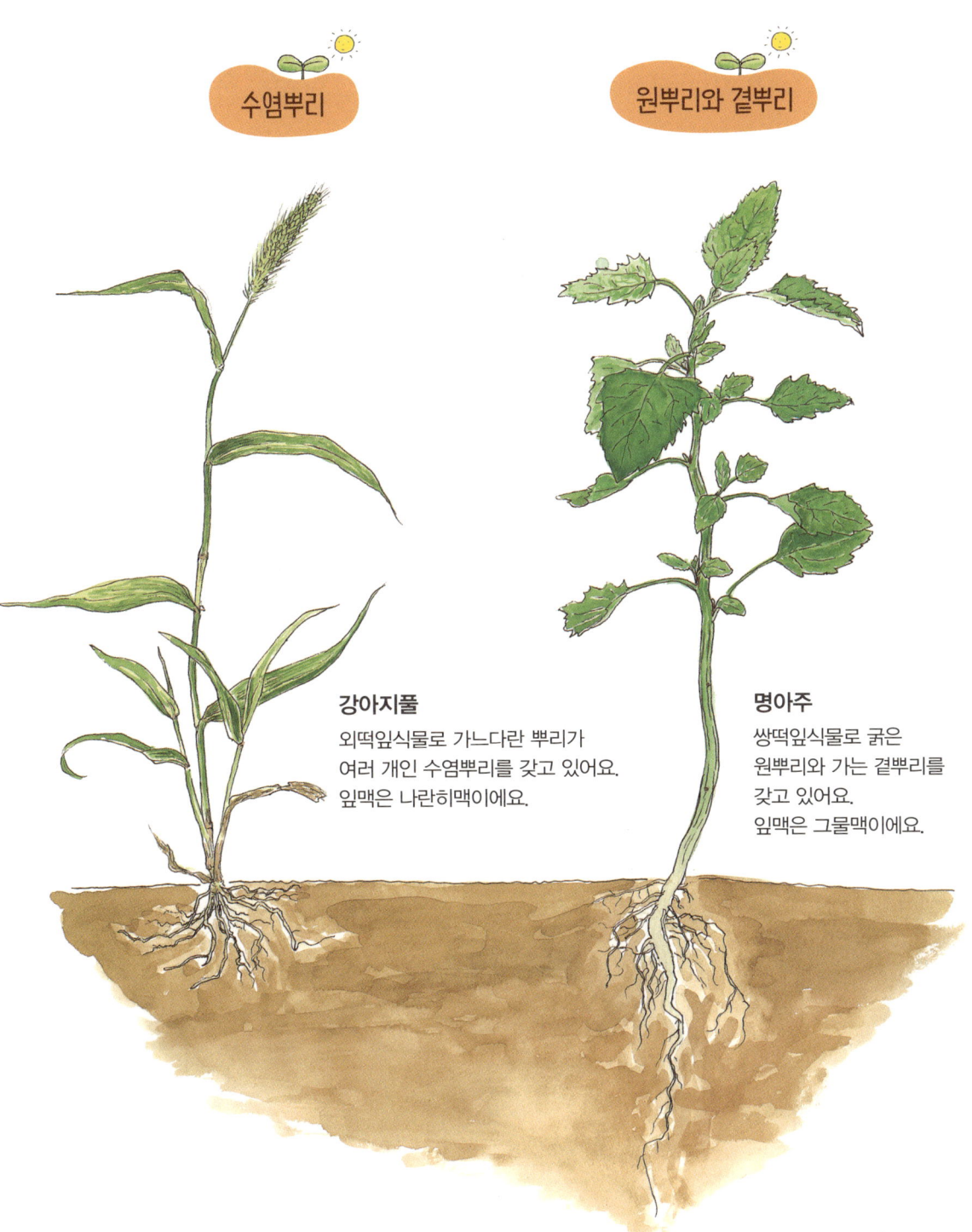

고 그 위에서 무나 배추씨의 싹을 틔워 보면 실 같은 털이 많이 나는 것을 볼 수 있습니다. 그것이 뿌리털입니다. 흙에서 캐어 채집한 명아주와 강아지풀의 뿌리에서는 뿌리털을 보기 어렵습니다.

뿌리털에서 흡수한 물과 무기양분은 곧바로 그 안에 있는 뿌리물관에 들어갑니다. 뿌리의 물관은 줄기의 물관과 이어져 있고, 이것

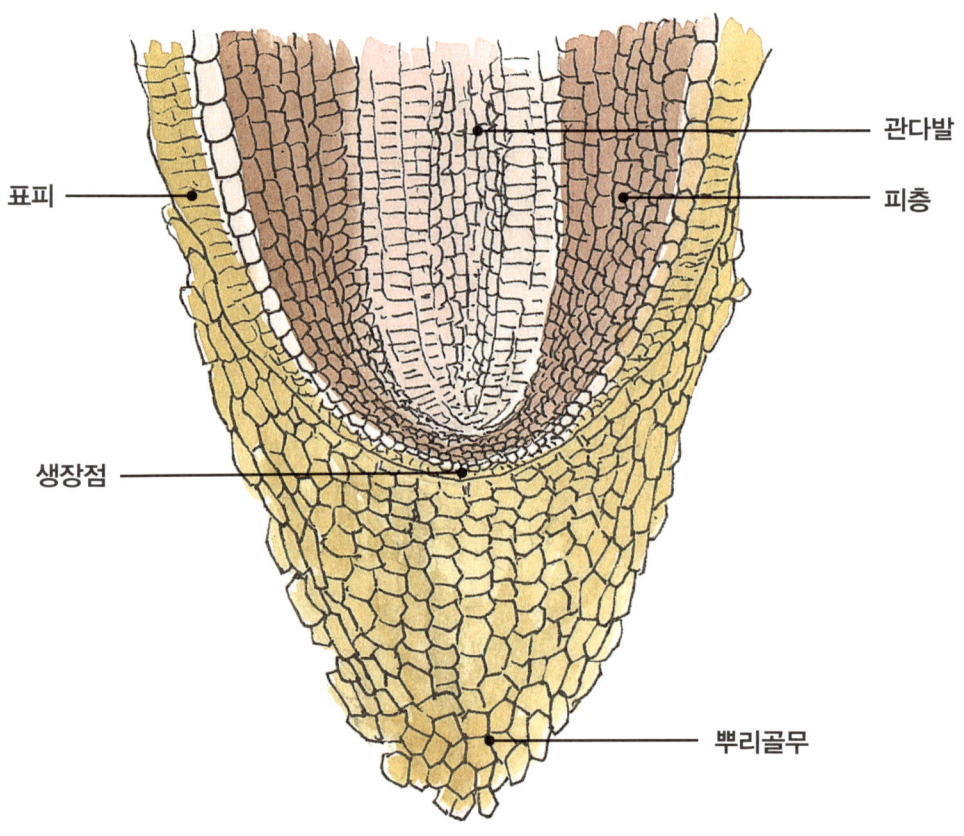

은 다시 잎맥의 물관으로 이어집니다. 이렇게 뿌리를 타고 들어온 물이 줄기를 타고 올라가서 잎으로 가고, 또 잎에서 기공을 타고 공기 중으로 날아가는 것이 앞에서 이야기한 증산작용이랍니다.

   뿌리 끝에는 세포가 활발하게 분열되는 조직이 있습니다. 이 조직이 있어야 뿌리가 흙 알갱이 사이를 파고 들어갈 수 있어요. 이 분열 조직을 바깥에서 감싸 주는 부분이 또 있는데 이것을 '뿌리골무'라고 합니다. 바느질할 때 바늘에 찔리지 말라고 손가락에 끼우는 골무를 닮았다고 해서 붙은 이름이지요.

   앞에서 본 명아주 잎은 그물맥이고 강아지풀의 잎은 나란히맥인 것을 볼 수 있습니다. 즉 명아주는 쌍떡잎식물이며, 강아지풀은 외떡잎식물입니다. 이것으로 미루어 보아, 잎이 그물맥인 쌍떡잎식물은 원뿌리와 곁뿌리를 가지고, 잎맥이 나란히맥인 외떡잎식물은 뭉쳐 나는 수염뿌리를 갖는다는 것을 알 수 있습니다.

   이런 규칙을 알면 뿌리만 보아도 식물의 종류를 알아맞힐 수 있게 됩니다. 예를 들어 강낭콩은 그 잎만 보고도 쌍떡잎식물이며 원뿌리와 곁뿌리를 가진다는 사실을 알 수 있습니다. 이와 같은 규칙성에 따라서 식물이 분류됩니다. 이와 같은 규칙성이 바로 자연 법칙인 것입니다.

흙을 꼭 붙잡아 주는 뿌리

뿌리는 그 자리에 가만히 박혀 있기 때문에, 비바람을 맞는 잎사귀나 줄기에 비해 바쁘지 않을 것 같지요? 그렇지 않습니다. 뿌리도 중요한 일을 많이 한답니다.

어느 식물이나 물과 무기양분을 빨아들이는 것이 뿌리가 하는 가장 첫 번째 일입니다. 두 번째 일은 뿌리를 넓고 깊게 박아서 식물이 쓰러지지 않게 하는 것이고요.

식물은 잎과 줄기가 클수록 뿌리도 많고 흙 속에 깊이 뻗습니다. 식물 속에서 물이 이동하는 과정을 간단히 알아보면, 쌍떡잎식물의 경우 뿌리털에서 물을 흡수하여 곁뿌리→원뿌리→줄기→잎→기공을 통해 공기로 증산됩니다.

이 과정에서 알 수 있는 사실이 있습니다. 잎에서 증산이 잘 일어나야 뿌리에서 물을 계속하여 빨아들일 수 있다는 사실입니다. 뿌리털이 동물의 입 역할을 한다면, 잎의 숨구멍은 항문과 같은 역할을 하는 셈입니다.

또한 물이 높은 나무를 타고 올라갈 수 있는 것은 물관이 아주 가는 모세관이기 때문입니다. 만일 굵은 관이었다면 물의 양도 많을 것이고, 올라가야 할 물의 무게가 많이 나가 그렇게 높이 올라갈 수는 없을 것입니다.

뿌리와 잎줄기의 양과 무게를 비교해 보면 어느 쪽이 더 무거울까요? 식물의 종류나 환경에 따라 조금 차이가 날 수 있지만, 나무의 경우 땅 위의 잎줄기와 땅속의 뿌리 무게가 비슷합니다.

숲길을 걷다 보면 흙바닥에 굵은 뿌리가 뱀이 기어가는 모양처럼 불거져 나와 있는 것을 볼 수 있지요. 알고 보면 흙바닥이 온통 뿌리로 덮여 있는 것과 다름없습니다. 수많은 나무의 뿌리들이 서로 얽혀서 층을 이루고 있는 것입니다.

이렇게 뿌리가 얽혀 있는 것은 흙이 쉽게 쓸려 나가지 않게 해 주는 역할도 합니다. 그래서 나무가 없는 산에는 반드시 나무를 심는 공사를 합니다. 나무뿌리가 얽혀 있지 않은 맨 흙바닥에 큰 비가 내리면, 빗물에 흙이 씻겨 나가 산사태가 일어날 수 있기 때문이에요.

길섶을 벗어나 숲으로 들어가서 숲 바닥을 파 보면, 나무의 작은 뿌리들까지 사방팔방으로 뻗어 있는 모습을 발견할 수 있습니다. 그 주위에 있는 나무는 아무리 붙잡고 흔들어도 끄떡도 하지 않습니다. 땅속 깊이 튼튼하게 뿌리를 박고 있어서 태풍이 불어 와도 웬만큼 견딜 수 있을 정도라는 걸 알 수 있어요.

크기가 저마다 다른 여러 가지 종류의 식물을 뿌리까지 뽑아 보면, 식물의 크기에 따라 힘이 얼마나 드는지 알아볼 수 있습니다. 별 것 아닌 것처럼 보이는 작은 나무, 작은 풀이라도 그 뿌리가 얼마나 힘차게 흙을 붙들고 있는지 모릅니다. 예를 들어 커다란 아까시나무 한 그루의 뿌리는 무려 500m까지도 뻗어나간다고 합니다. 그렇게 뿌리를 멀리, 깊게 뻗은 나무는 우리가 아무리 힘주어 밀어 봐도 꿈쩍하지 않는답니다.

주변의 흙에 물과 무기양분이 풍부하면 풍부할수록, 뿌리의 길이는 짧습니다. 뿌리가 굳이 먼 데까지 양분을 찾으러 가려고 애쓰지 않아도 되기 때문이에요. 반대로 가뭄이 든 곳이나 거름이 적은 땅에서는 같은 종류의 식물이라도 뿌리가 더욱 길게 뻗어나갑니다. 그래서 사막에 사는 식물들은 우리의 상상을 뛰어넘을 정도로 깊게 뿌리를 내린다고 합니다.

한곳에서 움직일 수 없는 식물의 생명력은 어쩌면 자유롭게 돌아다닐 수 있는 동물보다 더 강하고 끈질긴 것일지도 모릅니다. 우리 친구들도 풀과 나무의 끈질긴 생명력을 닮아 보면 어떨까요.

나무뿌리는 재생하는 힘도 무척 뛰어납니다. 큰 나무를 다른 곳으로 옮길 때면, 뿌리를 거의 다 잘라 버리고 흙을 조금만 남겨 둔 채 동그랗게 가마니나 짚으로 감아 싸서 옮깁니다. 이때 뿌리를 너무 많이 잘라 버려 나무가 죽어 버리지 않을까 걱정할 필요는 없어요. 옮겨 심으면 옮겨 심은 대로 거기에서 새 뿌리가 나거든요. 이것 역시 질긴 생명력을 가진 식물이기에 가능한 일입니다.

그런데 나무를 옮겨 심을 적에는 원래 그 나무가 살던 자리의 흙을 조금 떠다가 새로 심은 곳의 둘레에 흩어 뿌려 주면 좋다고 합니다. 자기가 숨 쉬던 흙을 넣어 주는 것입니다.

또 처음 나무를 옮겨 심은 다음에는 받침대를 괴어 주는 것이 좋답니다. 처음에는 뿌리가 굵고 단단하지 못하기 때문이에요. 뿌리가 약한데 큰 바람이라도 불어 얼마 못 가 쓰러져 버리면 큰일이니까요.

나무를 옮길 때 흙을 덮고 발로 꼭꼭 밟아 준 다음 막걸리를 붓기도 합니다. 막걸리라면 어른들이 마시는 술인데 나무한테 술을 주다니, 참 이상하지요?

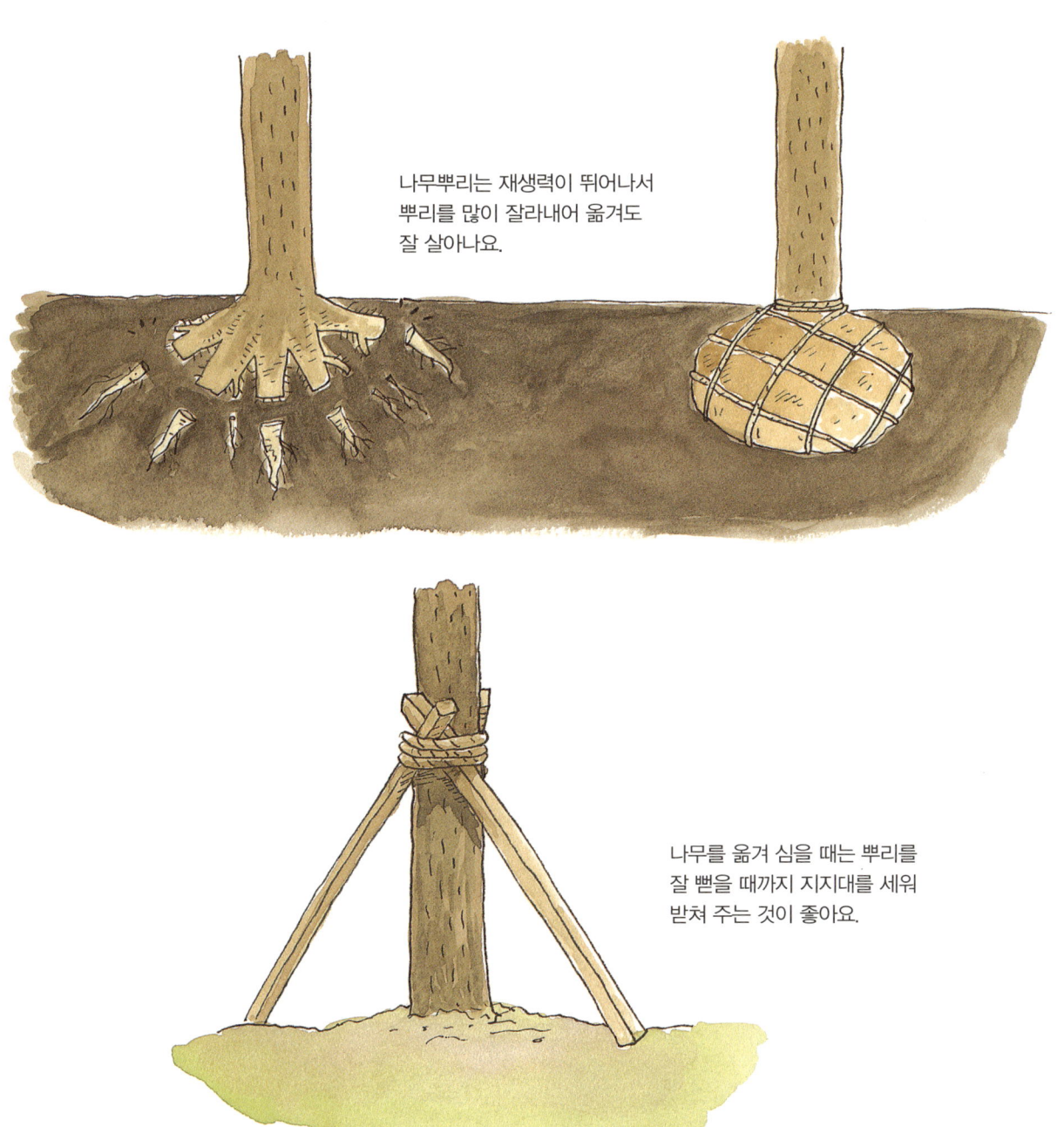

나무뿌리는 재생력이 뛰어나서
뿌리를 많이 잘라내어 옮겨도
잘 살아나요.

나무를 옮겨 심을 때는 뿌리를
잘 뻗을 때까지 지지대를 세워
받쳐 주는 것이 좋아요.

실은 막걸리는 흙 속의 미생물이 잘 자라도록 도와줍니다. 흙에는 식물이 필요로 하는 미생물이 있는데, 이것이 많아야 뿌리가 튼튼해지고 무기양분을 잘 빨아들일 수 있거든요. 원래 살던 자리의 흙을 뿌려 주는 목적도 거기에 있답니다.

여러 가지 뿌리가 있어요

뿌리는 물과 무기양분을 빨아들이는 것이 가장 중요한 임무입니다. 그런데 그뿐만 아니라 여러 가지로 모양을 바꾸어서 다른 일을 하기도 합니다.

먼저 양분을 저장하는 '저장뿌리'가 있습니다. 인삼, 고구마, 무, 순무, 당근, 우엉, 더덕, 도라지 등 뿌리에 유기양분을 저장하는 식물이 많지요. 위의 것들은 모두 쌍떡잎식물로 그물맥을 가졌고, 양분은 원뿌리에 저장한답니다. 원뿌리에는 곁뿌리가 많이 나 있어서 앞에서 본 명아주의 뿌리와 닮았습니다. 감자는 줄기에 양분을 저장하기 때문에 여기에는 해당되지 않아요.

무 옥수수

저장뿌리
양분을 저장하는 뿌리예요.

버팀뿌리
쓰러지지 않게 버티는 뿌리예요.

겨우살이 담쟁이

기생뿌리
다른 식물에게 붙어 영양분을 빼앗아 먹고 사는 뿌리예요.

붙음뿌리
다른 물체에 달라붙는 뿌리예요.

또 식물이 쓰러지지 않게 받쳐 주는 '버팀뿌리'도 있습니다. 옥수수나 수수는 땅속에 들어 있는 뿌리 말고도 줄기 제일 아래쪽 마디에서 사방으로 뿌리를 뻗어 나갑니다. 이 뿌리가 옥수수 대, 즉 줄기가 넘어지지 않게 해 줍니다.

다른 식물에 기생하는 '기생뿌리'도 있습니다. 겨우살이 식물은 참나무 등의 줄기에 뿌리를 박고 참나무의 물관에서 물을 빨아들입

니다. 그래서 겨우살이 식물을 기생식물이라고 해요. 동물만 식물에 의지하고 사는 줄 알았는데, 이렇게 식물이 다른 식물에 달라붙어서 물이나 양분을 빼앗아 먹고 사는 것도 있습니다.

담쟁이는 마디마다 뿌리가 나와서 다른 물체에 줄기를 갖다 붙입니다. 이것을 '붙음뿌리'라고 합니다.

이 밖에 개구리밥과 같은 것을 '물속뿌리'라고 해요. 개구리밥은 뿌리를 물속에 내려 물의 양분을 빨아들이기도 하고, 이 물속 뿌리로 뒤집어지지 않게 균형을 잡기도 합니다.

그런데 개구리밥은 '개구리가 먹고 사는 식물'이 아니라는 것을 알아 두세요. 개구리밥은 무논에 사는 식물입니다. 개구리는 벌레를 주로 잡아먹고 사는 동물이고요.

무논의 물에 떠서 사는 개구리밥은 꽃식물로, 세상에서 가장 작은 꽃을 피우는데 '부평초'라고도 합니다.

꽃도 짝짓기를 해요

꽃의 특성에 대해 알아보기 전에, 처음에 이야기했던 식물의 분류를 다시 한번 알아보기로 해요.

식물은 크게 민꽃식물과 꽃식물로 나눌 수 있고, 꽃식물은 다시 겉씨식물과 속씨식물로 나눌 수 있습니다. 속씨식물은 또다시 외떡잎식물과 쌍떡잎식물로 나눌 수 있고요. 그 가운데 여기에서는 꽃식물을 중심으로 살펴볼 거예요.

꽃 가운데에는 아름답고 화려하여 우리 눈을 즐겁게 해 주는 꽃이 있는가 하면, 소박하여 거의 눈에 띄지 않는 꽃도 있습니다. 꽃의 의미와 역할은 사실 예쁜 모습을 뽐내거나 향기를 뿜어 내기 위한 것만이 아닙니다. 꽃은 식물의 '생식기관'이라는 가장 중요한 임무를 띠고 있답니다.

식물의 뿌리와 줄기 그리고 잎을 '영양기관'이라고 합니다. 영양기관들이 하는 일은, 바로 이 생식기관인 꽃이 잘 피도록 돕는 것입니다. 이것을 위해 뿌리와 줄기와 잎은 그렇게 애를 쓰면서 자라 왔던 것이지요.

동물에게도 저마다 생식기관이 있듯이 식물들도 자손을 퍼뜨리기 위해 자기만의 생식기관을 갖고 있어요. 다만 식물은 생식기관이 줄기의 맨 위에 꽃이라는 아름다운 모양으로 갖고 있다는 사실이 재미있는 차이랍니다.

그런데 동물은 자유롭게 돌아다닐 수 있어서 짝을 찾고 짝짓기를 하여 자손을 남길 수 있는데, 한곳에서 붙박혀 사는 꽃은 어떻게 자손을 남길까요?

주로 벌이나 나비 같은 곤충이 꿀을 먹는 동안 꽃가루를 다리와 몸에 묻혀 꽃과 꽃을 짝지어 준답니다. 이렇게 곤충이 꽃가루를 옮

벌은 나비와 함께 꽃의 짝짓기를
도와주는 곤충이에요. 꿀을 빠는 동안
다리와 몸에 꽃가루가 묻고, 이 상태로
다른 꽃으로 날아가 꽃가루를 묻혀 주지요.
꽃은 꽃가루받이, 즉 수분을 해서 자손을 남겨요.
꽃가루가 암술머리에 묻어 수정이 되면
열매와 씨가 맺히지요.

겨 주는 '충매화' 말고도, 바람이 꽃가루를 옮겨 주는 '풍매화'나 물이 옮겨 주는 '수매화' 등 꽃은 저마다 여러 가지 짝짓기 수단을 갖고 있답니다. 충매화의 경우 곤충이 꽃가루를 옮겨 주는 대가로 달콤한 꿀을 준비해 놓습니다.

그리고 곤충들을 다가오도록 진한 향기를 풍기며 손짓합니다. 또 아름다운 색깔로 치장하여 맵시를 내기도 합니다. 그래야 곤충들의 눈에 쉽게 띄어 꽃가루를 옮길 수 있지요.

종류에 따라서는 밤에 꽃을 피워 나방을 끌어당기는 것도 있습니다. 즉 꽃이 풍기는 달콤한 향기나 고운 색은 모두 곤충을 불러들이기 위한 것입니다.

꽃들은 저마다 생김새와 빛깔, 풍기는 냄새가 다 다릅니다. 이것은 곤충들이 좋아하는 꽃들이 서로 다르다는 사실을 뜻하는 거예요.

꽃들은 모두 자기를 짝지어 줄 곤충이 가장 좋아하는 색과 향기를 갖고 있어요.

꽃은 꽃잎의 색깔이나 향기 외에도 꿀이 있는 곳을 나타내 곤충을 불러들여요.
흔히 꽃잎 가운데 부분의 색이 주위와 다르거나, 꿀이 있는 가운데 쪽으로 줄 등의 표시가 되어 있지요.
곤충은 이것을 보고 꿀이 있는지 없는지 안답니다.

찔레꽃 냄새와 목련 냄새가 서로 다른 것은 그것을 좋아하는 곤충들이 각각 다르다는 뜻입니다.

따라서 한 꽃에 날아오는 곤충은 보통 정해져 있어요. 호박벌은 주로 호박꽃에 날아들고 박각시나방은 박꽃에 모입니다. 어느 꽃에나 가리지 않고 아무 곤충이나 날아들어 꽃가루를 묻혀 주고 꿀을 얻어 가는 것이 아니라는 말이지요.

한 꽃송이에 암술과 수술이 다 있는 꽃을 '양성화'라고 합니다. 동물의 세계에서 암컷과 수컷의 생식기를 한 몸에 갖고 있는 경우와 비슷합니다.

　그러면 제 꽃에 있는 수술의 꽃가루를, 함께 있는 암술머리에 묻혀 보기로 해요. 즉 한 송이의 꽃 안에서 일부러 짝을 짓는 것이지요. 그렇게 하면 열매가 잘 맺힐까요? 그렇지 않아요. 과수원에서도 배나무나 복숭아나무, 자두나무를 여러 그루 모아 심습니다. 저 멀리 홀로 서 있는 나무에는 열매가 잘 맺히지 않아요. 식물의 세계란 신비로운 것이어서, 될 수 있는 대로 다른 꽃의 꽃가루를 받으려고 합니다. 그렇게 해야 나중에 씨가 잘 맺히기 때문이에요. 즉 같은 꽃의 꽃가루와 가루받이를 하지 않으려 든다는 것이지요.

　자기 꽃송이의 꽃가루를 받으면 열매가 맺히지 않는 이 성질을 가리켜 '자가불임'이라고 합니다.

　사람이 가까운 친척끼리 결혼하지 않는 것처럼, 식물도 유전자가 비슷한 가까운 사이에는 종자를 맺지 않으려고 합니다. 한 꽃 속에서도 수술을 아주 길게 늘어뜨려서 '자가수분(제꽃가루받이)'을 피하기도 하고, 암술과 수술이 자라는 시기를 다르게 하여 자가수분이 일어나지 않게 하기도 합니다.

붉고, 노랗고, 푸르고 흰 꽃

꽃의 생김새나 냄새와 색깔은 저마다 서로 다르다는 것을 앞에서 이야기했어요. 그리고 그것이 서로 다른 곤충을 불러들이기 위한 것이라는 것도요.

꽃의 색은 크게 나누어서 붉은색, 노란색, 푸른색 그리고 흰색 계통으로 나눌 수 있습니다. 여기에서 간단한 실험을 하나 해 보기로 해요.

실험하기에 앞서 봉숭아 꽃물 들이는 방법을 간단히 알려 줄게요. 먼저 봉숭아꽃을 가득 땁니다. 그것을 백반 가루와 함께 사발에 넣고 콩콩 찧어 손톱에 붙잡아 매어 두고, 하룻밤 자고 일어나면 손톱에 빨간 물이 듭니다. 옛날에는 이렇게 매니큐어를 바르는 대신 봉숭아꽃으로 손톱을 물들였습니다.

우리가 여기에서 할 실험은 봉숭아 꽃물 들이는 방법에서 백반을 빼고, 꽃잎만 넣고 갈아서 꽃의 즙을 짜내는 것입니다.

꽃의 즙을 다 짜냈으면 시험관에 그것을 쏟아 넣고, 거기에 옅은 양잿물을 조금 부어 보세요. 그러면 색깔이 바뀌는 것을 볼 수 있지요? 마치 마법처럼 푸른색으로 바뀐답니다. 이때 쓰이는 양잿물의

성분은 수산화나트륨으로, 알칼리성을 띠는 물질입니다.

이 시험관에 산성인 식초를 넣으면 다시 빨갛게 변합니다. 꽃물이 산성에서는 붉은색으로, 알칼리성에서는 푸른색으로 바뀐다는 사실을 알 수 있습니다.

실험을 할 때 자주 쓰이는 시험 용지로 리트머스 종이가 있습니다. 이 리트머스 종이는 산성에서는 붉은색을 띠며, 알칼리성에서는 푸른색을 띱니다. 봉숭아 꽃물의 성질이 리트머스의 성질과 같다고 볼 수 있습니다.

리트머스는 이끼 가운데 하나의 이름입니다. '리트머스이끼'에서 즙을 뽑아 걸러서, 액체 그대로 쓰면 리트머스액이 됩니다. 그것을 종이에 발라 말린 것이 리트머스 종이고요. 봉숭아꽃 속에 들어 있는 안토시아닌(화청소)이라는 물질이 이 리트머스 종이와 같은 마술을 부리는 것입니다.

우리 주위에서 볼 수 있는 모든 붉은 꽃은, 그 꽃잎을 이루는 세포가 산성을 띱니다. 봄에 분홍빛 진달래 꽃잎을 따서 먹어 보면 신맛이 납니다. 한편 푸른색 계통의 꽃을 이루는 세포는 알칼리성을 띠고요. 세포 속에는 액포라는 작은 주머니가 들어 있는데, 그 속에 담긴 안토시아닌이 산성에서는 붉은색을 띠고, 알칼리성에서는 푸른

색을 띠지요. 가을 단풍이 빨간 것도 바로 이 안토시아닌과 관계가 있습니다.

빨간 꽃과 파란 꽃은 산성과 알칼리성이라는 성분 때문에 그렇게 되었다는 사실을 알았습니다. 그러면 노란 꽃은 왜 노란색을 띠고 있을까요?

노란색은 안토시아닌과 관계가 없어요. 대신 카로티노이드라는 색소 때문에 생긴답니다. 카로티노이드 색소는 당근이나 귤 같은 황색 계통의 색을 결정하는 색소의 이름입니다. 카로티노이드 색소의 종류와 들어 있는 양이 많고 적음에 따라서 노란색이 얼마나 짙어지는지가 달라집니다.

검은색 꽃은 왜 없을까요? 흰색 색소가 없듯 검은색 색소도 없기 때문이에요. 검은 꽃처럼 보이는 꽃을 자세히 살펴보면 짙은 자주색인 경우가 많답니다.

그러면 이제 마지막으로 하나 남은 것이 흰 꽃입니다. 어째서 꽃잎의 색이 하얗게 보이는 것일까요? 희다는 것은 아무것도 없다는 뜻과 마찬가지인데요.

흰 꽃은 일종의 돌연변이와 같습니다. 안토시아닌도 카로티노이드 색소도 없다는 것을 뜻해요. 흰 꽃잎을 따서 손가락 사이에 끼우고 힘주어 눌러 보면 어떤 일이 생길까요? 그나마 있던 흰색조차도 없어지고 맙니다. 꽃의 즙을 내어도 무색으로 나오는 것입니다.

이것은 세포에 들어 있던 공기가 빠져나가 버렸기 때문입니다. 겨울에 쌓인 흰 눈을 대야에 모아 보면 하얗지만 거기에 물을 부어 버리면 무색으로 변하는 것과 마찬가지예요. 눈송이 틈새에 있던 공기가 빠져나갔기 때문이지요.

흰 꽃이나 눈송이가 희게 보이는 것은 그 속에 들어 있는 공기가 빛을 받아서 그렇게 보이는 것입니다. 이것을 공기의 산란이라고 합니다. 할아버지 할머니의 머리카락이 희게 보이는 것도, 그 머리털 속을 채우고 있는 공기가 산란을 일으켜서 흰색으로 보이는 것이지요.

이렇게 꽃의 색을 결정하는 것은 안토시아닌과 카로티노이드 그리고 공기라는 것을 알아보았습니다.

머리를 닮은 꽃, 혓바닥을 닮은 꽃

앞에서는 꽃의 색깔이 어떻게 결정되는지 알아보았습니다. 그런데 꽃은 색깔만 다를 뿐 아니라 꽃잎의 수와 모양 등 생김새도 각양각색입니다.

제비꽃은 5장의 꽃잎이 각각 따로 떨어져 있습니다. 메꽃은 둥그렇게 붙어 있는 꽃잎 1장으로 되어 있고요. 장미는 꽃잎이 여러 장 포개져 있고, 토끼풀은 여러 개의 꽃이 뭉쳐서 나 있습니다.

이렇게 제비꽃이나 장미꽃처럼 꽃잎이 서로 나누어져 있는 것을 '갈래꽃'이라 하고, 메꽃이나 나팔꽃처럼 꽃잎이 하나로 붙어 있는 것을 가리켜 '통꽃'이라고 합니다.

통꽃에는 메꽃이나 나팔꽃 말고도 민들레, 호박, 수박, 백합, 해바라기 같은 것들이 있습니다. 나머지 꽃들은 거의 다 갈래꽃으로 분류할 수 있어요.

그런데 어째서 꽃잎이 갈라진 것처럼 보이는 해바라기, 국화가 통꽃을 이루는 것일까요? 국화를 예로 들어 알아보기로 해요.

국화 꽃송이는 큰 꽃잎이 돌아가며 둘러 나 있는데, 그 모양이 혓바닥 모양과 같다고 하여 '설상화'라고 합니다. 설상화는 씨를 맺지

못하는 가짜 꽃이랍니다. 안에 들어 있는 작은 꽃이 진짜 하나의 꽃으로 '관상화'라고 부릅니다. 즉 그 작은 꽃 하나가 통꽃인 것입니다.

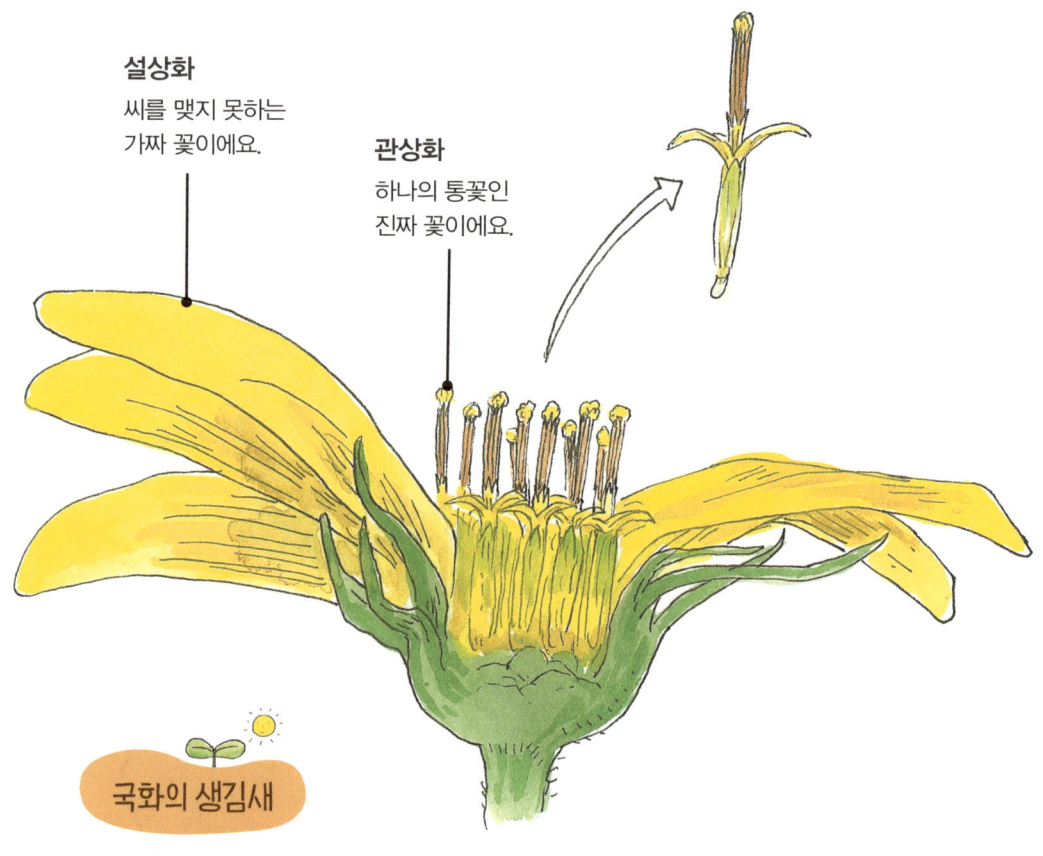

설상화
씨를 맺지 못하는 가짜 꽃이에요.

관상화
하나의 통꽃인 진짜 꽃이에요.

국화의 생김새

국화 한 송이는 여러 개의 꽃이 모여 이루어진 것입니다. 통꽃 하나를 따서 잘 들여다보세요. 암술 끝이 두 갈래로 뾰족 솟아나와 있고, 그 아래에 암술대를 둘러싸고 있는 것이 여럿 있는데 이것이 수술입니다. 즉 국화 한 송이는 60여 개의 통꽃이 모여 이루어진 것임을 알 수 있습니다.

해바라기도 국화과식물에 속해요. 국화는 여러 개의 꽃이 모여서 하나의 꽃송이를 이루는 것으로, 작은 꽃 하나마다 속에 암술, 수술, 씨방이 다 들어 있습니다. 마찬가지로 해바라기의 가운데 있는 작은 꽃도 씨가 될 방, 즉 씨방 하나하나에 아주 작은 암술이 나 있으며 그 위에 수술이 숨어 있습니다. 나중에 해바라기 씨앗이 되는 수만큼 꽃이 피어 있는 것입니다.

해바라기 꽃의 바깥 가장자리에 샛노랗고 커다란 꽃들이 삥 둘러 나 있는 것을 앞에서 말한 혓바닥 모양의 설상화라고 해요. 설상화는 씨를 맺지 않는 가짜 꽃이나 다름없다고 했지요. 이것은 국화과식물이 공통으로 갖는 특징이랍니다.

그러면 씨도 맺지 못하는 꽃을 왜 피우는 것일까요?

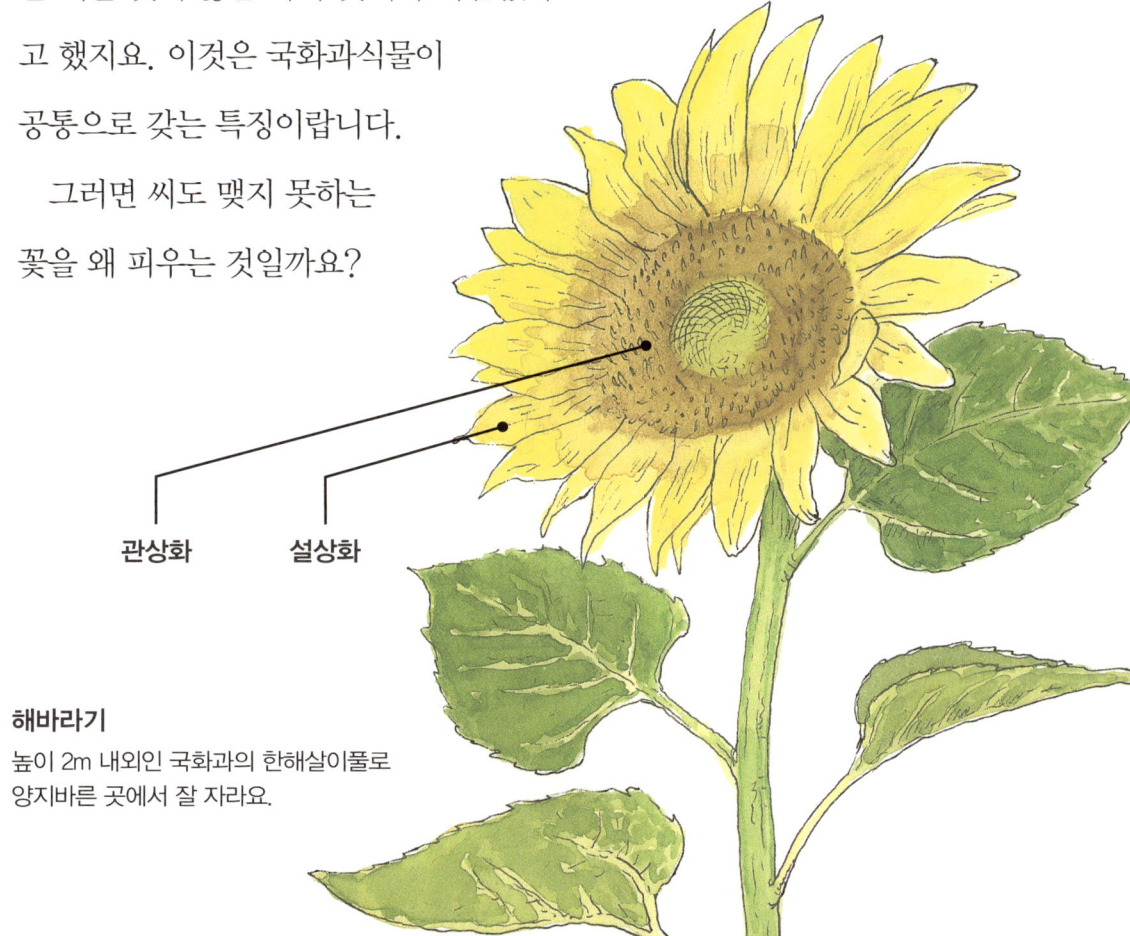

관상화   설상화

해바라기
높이 2m 내외인 국화과의 한해살이풀로 양지바른 곳에서 잘 자라요.

벌과 나비가 자기를 알아보지 못할까 봐 이런 커다란 가짜 꽃을 피워서 곤충들을 불러들이는 거랍니다.

이렇게 해바라기나 민들레, 국화, 코스모스는 모두 국화과식물에 속하며 여러 개의 꽃이 모여서 한 송이 꽃을 이루고 있습니다. 각각의 작은 꽃 하나가 곧 통꽃입니다.

꽃잎의 수에 숨은 비밀

이번에는 우리 주변의 꽃을 눈으로 보고, 코로 냄새 맡고, 손으로 만져 보는 여러 가지 방법으로 관찰하며 꽃잎의 개수를 헤아려 보기로 할게요. 꽃잎의 수에도 색깔과 마찬가지로 어떤 법칙이 있는지 알아보는 것이지요.

꽃잎을 4장 갖고 있는 것들에는 무엇이 있을까요? 무나 배추의 장다리에 핀 꽃은 꽃잎이 4장입니다. 이들 외에 다른 나머지 꽃들은 잎의 수가 5장인 것이 대부분입니다. 제비꽃, 복숭아꽃, 벚꽃 등을 그 예로 들 수 있습니다.

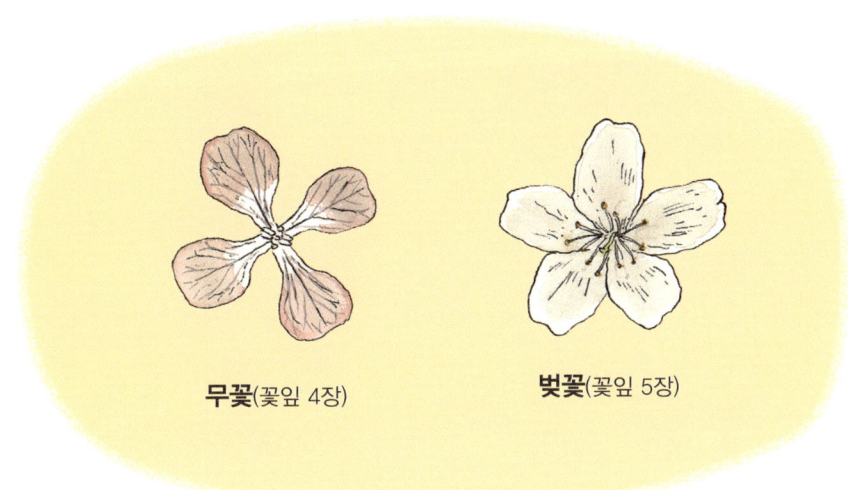

무꽃(꽃잎 4장)   **벚꽃**(꽃잎 5장)

　붓꽃과 같은 외떡잎식물은 꽃잎이 3장이고, 쌍떡잎식물은 4장이나 5장 또는 그 배수를 이루고 있습니다. 그러면 코스모스의 꽃잎은 과연 몇 장일까요? 코스모스는 쌍떡잎식물입니다. 그러면 꽃잎이 4장이나 5장 또는 그 배수가 됩니다. 그런데 4장보다 많다면 몇 장이 될까요? 4와 5의 배수라고 했으니 8장 아니면 10장이겠지요. 정답은 8장이랍니다.

　그러면 쌍떡잎식물과 외떡잎식물의 특징을 다시 알아보기 쉽게 비교해 보기로 하겠습니다.

	쌍떡잎식물		외떡잎식물	
떡잎		둘		하나
꽃잎		4나 5의 배수		3의 배수
잎맥		그물맥		나란히맥
뿌리		원뿌리와 곁뿌리가 있음.		수염뿌리
관다발		줄기 둘레에 관다발이 고리 모양으로 있음.		관다발이 사방으로 흩어져 있음.
형태		풀 또는 나무		거의 다 풀 종류임.

동물과 비교해 본 꽃의 얼개

꽃은 아름다운 빛깔을 띠고 달콤한 향기를 풍기며 곤충들이 날아들기를 기다립니다. 그러나 때로는 사람들의 관심과 발길을 기다리기도 합니다.

꽃에 가까이 다가가 자세히 관찰해 보세요. 눈으로만 훑어보는 것이 관찰은 아닙니다. 감각기관인 눈, 코, 귀, 입, 피부 모든 것을 동원해야 합니다. 그 전에 먼저 마음, 즉 관심이 따라 주어야 하는 것은 물론입니다.

다음 그림은 무꽃을 관찰하기 위해 준비한 표본입니다. 무꽃을 부분별로 모두 뜯어 늘어놓은 것입니다. 신문지 같은 종이에 늘어놓은 다음 무거운 책 같은 것으로 3~4일 눌러 둡니다. 그런 다음 꺼내 종이에 붙이고, 꽃 이름, 채집 장소, 꽃의 특징들을 적어 두면 좋은 표본이 됩니다.

이렇게 만든 무꽃의 표본을 보면, 꽃잎이 4장, 꽃받침 4개, 수술 6개, 암술 1개가 있다는 사실을 관찰할 수 있습니다. 이것이 꽃의 얼개입니다.

꽃잎은 암술과 수술을 보호하고 벌레들을 불러모으는 일을 하는

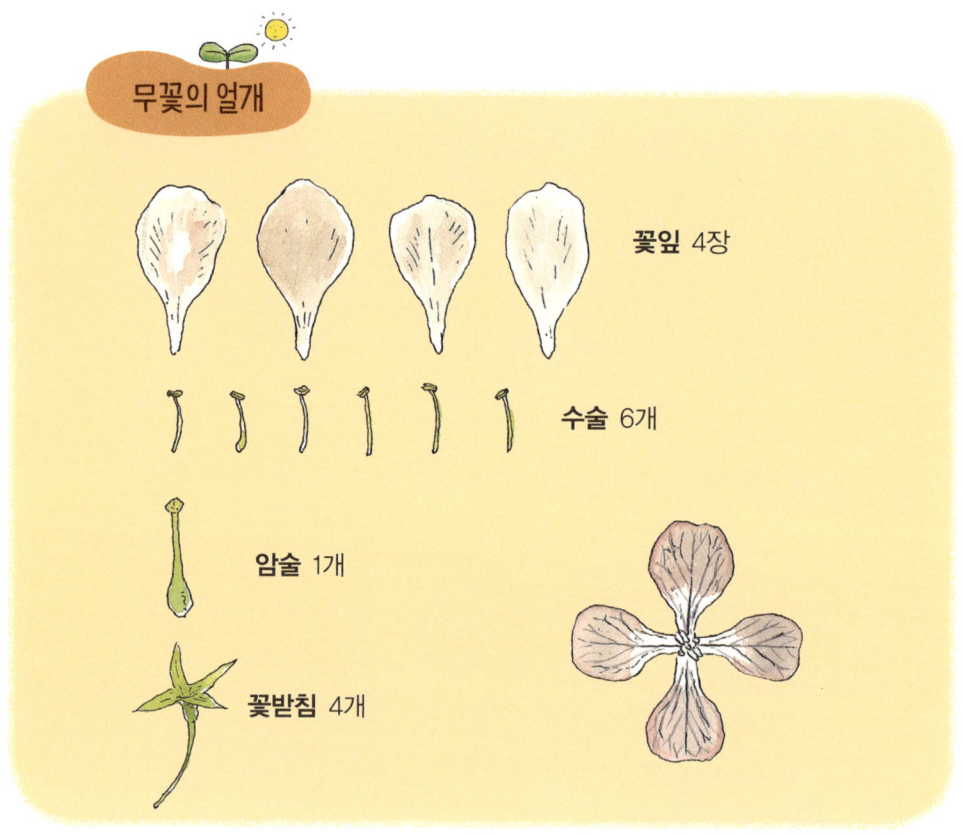

기관입니다. 꽃받침은 말 그대로 꽃잎을 보호하는 받침대고요. 수술은 꽃가루, 즉 화분을 만드는 생식기관으로서 동물의 정소에 해당합니다. 수술의 끝부분에 무언가 달라붙어 있는 것이 보일 거예요. 그것은 '꽃밥' 또는 '꽃가루주머니'라고 합니다. 그 안에서 꽃가루가 만들어집니다. 긴 자루를 '수술대'라고 하는데, 대를 길게 뻗어서 곤충들과 쉽게 만날 수 있도록 합니다.

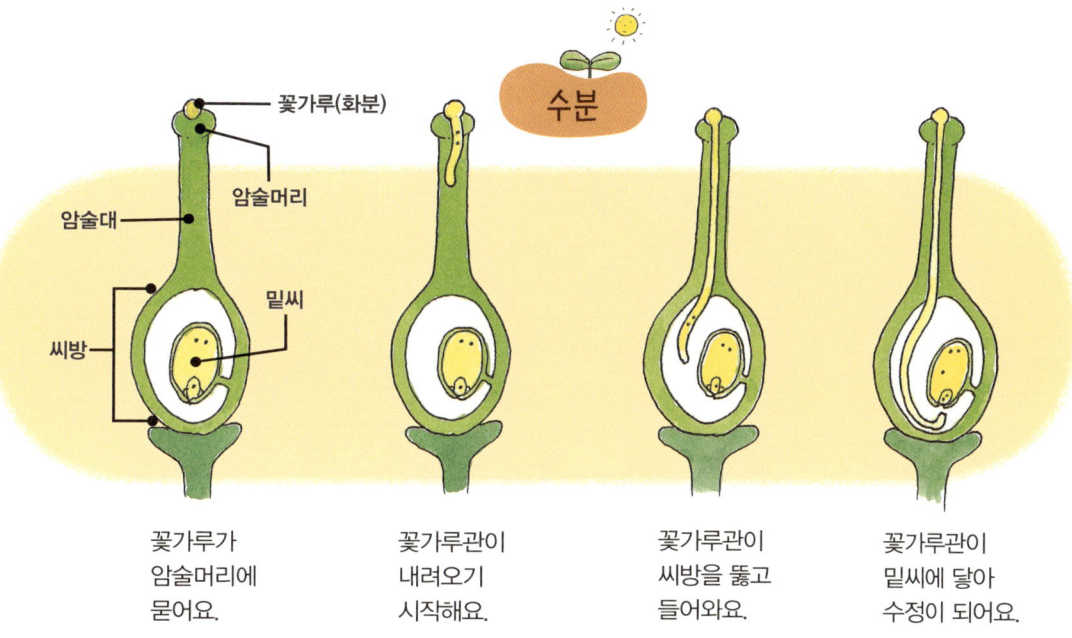

| 꽃가루가 암술머리에 묻어요. | 꽃가루관이 내려오기 시작해요. | 꽃가루관이 씨방을 뚫고 들어와요. | 꽃가루관이 밑씨에 닿아 수정이 되어요. |

 암술은 동물 암컷의 난소에 해당하는 기관입니다. 암술의 제일 위 끝부분을 '암술머리'라고 해요. 거기에는 끈적끈적한 꿀 성분이 들어 있어서 꽃가루가 잘 묻게 되어 있지요. 이렇게 암술머리에 다른 꽃가루가 묻는 것을 꽃가루받이, 즉 '수분'이라고 합니다.

 암술머리 아래의 긴 자루를 '암술대'라고 하며, 그 아래에 약간 불룩한 모양을 이룬 곳을 '씨방'이라고 하고요. 씨방은 포유동물의 자궁에 해당합니다. 씨방의 벽이 자라서 열매가 되고, 그 안에 씨가 생기지요.

 암술머리에 묻은 꽃가루는 '꽃가루관'을 내어 암술대를 뚫고 씨방

안의 밑씨에까지 내려와요. 거기에서 동물의 난자와 정자가 만나는 것처럼 '수정'이 일어난답니다.

꿀벌과 바람과 물의 힘으로

암술머리에 꽃가루가 묻는 것을 수분이라고 하며, 꽃가루관을 내어서 밑씨와 만나는 과정을 수정이라고 했습니다. 식물들은 수분이 잘 되게 하려고 애를 씁니다. 곤충을 불러 모으려고 꽃잎의 색을 예쁘게 한다거나 향기를 내니까요.

그런데 그뿐만이 아닙니다. 수술에서는 꿀과 꽃가루를, 암술 아래에는 꿀샘을 만들어서 곤충을 불러들입니다. 그것들을 얻으러 나비나 벌들이 날아오지요. 곤충이 깊이 고개를 숙이고 꽃 속에 파묻혀서 꿀을 빠는 동안 곤충의 몸에 묻어서 온, 종류는 같으나 다른 꽃의 꽃가루가 암술머리에 달라붙는 것입니다.

나비나 벌 같은 곤충이 수분을 해 주는 꽃을 충매화라고 해요.

바람에 꽃가루를 날려 수분을 하는 꽃을 풍매화라고 해요.

식물 주위에 곤충이 별로 없는 경우에는 사람이 붓으로 꽃가루를 묻혀 암술머리에 문질러 주기도 하는데 이것을 '인공 수분'이라고 합니다.

수분 방법은 식물에 따라 다릅니다. 먼저 곤충을 통해 수분을 하는 충매화가 있습니다. 충매화는 꽃의 모양과 곤충의 입 모양 사이에 서로 밀접한 관계가 있습니다. 꼭 그 꽃만 좋아하고 찾아드는 곤충이 있다는 이야기예요. 말하자면 정해진 꽃에 일정한 곤충이 날아드는 거예요. 이런 식물의 꽃가루는 끈적끈적하거나 갈고리가 있기 때문에 곤충의 몸에 잘 달라붙는답니다. 호박, 오이, 무, 배추, 복숭

새가 수분을 해 주는 꽃을 조매화라고 해요.

아나무, 배나무, 사과나무 등이 충매화에 속합니다.

다음으로 바람이 꽃가루를 옮겨 주는 풍매화가 있지요. 이런 식물들은 꽃가루가 아주 가벼운 것이 특징입니다. 꽃가루 안에 풍선처럼 공기가 차 있어서 가볍지요. 이와 같은 종류에는 옥수수, 소나무, 벼, 보리 같은 것들이 있습니다. 소나무가 한창 꽃가루를 날릴 때는 나무 밑이 누렇게 변할 정도랍니다.

또 새를 통해 꽃가루를 옮기는 조매화도 있습니다. 새가 꽃가루를 옮기는 것은 주로 열대 지방에서 많이 볼 수 있습니다. 바나나, 파인애플, 사막의 선인장 같은 것이 그렇습니다. 우리나라에서도 동백나무에 날아드는 동박새가 동백꽃의 꽃가루를 옮기기도 합니다. 동백꽃은 찬바람이 아직 가시지 않은 겨울과 봄 문턱에 꽃을 피웁니다.

물에 꽃가루를 흘려보내는 꽃을 수매화라고 해요.

이때는 나비와 벌이 없으므로 새가 대신 꽃가루를 옮겨 주는 거예요. 즉 동백꽃은 충매화가 아닌 조매화인 것입니다.

이 밖에 물을 통해 수분을 하는 수매화가 있어요. 흐르는 물에 꽃가루가 옮겨지는 종류입니다. 주로 물에 사는 수중 식물들이 이 같은 방법을 이용하는데 붕어마름, 검정말, 물수세미가 그 예입니다.

씨앗과 열매의 자손 남기기

새로운 세상을 향하여

한 번 피어난 꽃은 언젠가는 떨어져야 합니다. 그래도 꽃은 지는 것을 슬퍼하지 않는답니다. 열매나 씨앗으로 자기의 자손을 남기기 때문이에요. 사람도 마찬가지로, 자식을 낳으면 유전자가 대대로 이어 지기 때문에 죽어도 죽는 것이 아니랍니다.

잘 익은 큰 고추 하나를 칼로 잘라서 그 안에 씨가 얼마나 들어 있는지 헤아려 보세요. 고추 주머니 하나에 고추 씨가 몇 개나 들어 있을까요?

고추 씨 하나가 나중에 고추 한 포기가 되면 도대체 고추 하나 안에 고추가 몇 개나 든 거야?

열매의 크기에 따라 다르지만, 큰 것은 그 속에 씨가 무려 140여 개나 들어 있답니다.

고추 한 포기에 열리는 고추는 평균 70여 개에 이릅니다. 이보다 더 큰 것에는 말할 것도 없이 더 많이 열립니다. 그러면 고추 씨 하나를 심었을 때, 다음 세대에 얻을 수 있는 씨는 몇 개나 될까요? 어림잡아 보아도 140에 70을 곱하면 그 수가 부쩍 늘어난다는 것을 알 수 있습니다. 거의 1만 배 가까이 자손이 늘어나는 것입니다. 이렇게 식물은 자기의 자손을 많이 남기기 위해 노력한답니다.

새로 생긴 씨는 될 수 있는 대로 어미식물로부터 먼 곳으로 떨어져서 퍼져 나가려고 합니다. 자식이 부모로부터 떨어져 멀리 떠나서 새로운 곳에 자리를 잡는 것입니다. 어미식물 아래에만 있으면 그늘이 져서 햇빛을 받기 어려울 뿐더러, 어미식물의 뿌리가 새끼식물이 뿌리 내리는 것을 방해하기 때문이에요.

만일 큰 나무를 잘라 버리면 어떤 일이 일어날까요? 짓누르고 있던 어미나무가 없어졌기 때문에, 그때까지 미처 싹을 틔우지 못하고 있던 수많은 씨앗들이 너도 나도 고개를 내밀고 싹을 틔울 것입니다. 그것들을 그대로 내버려 두면 그 가운데에서 가장 강한 것이 다른 것들을 누르고 자리를 잡게 됩니다. 식물들도 동물들만큼이나 이

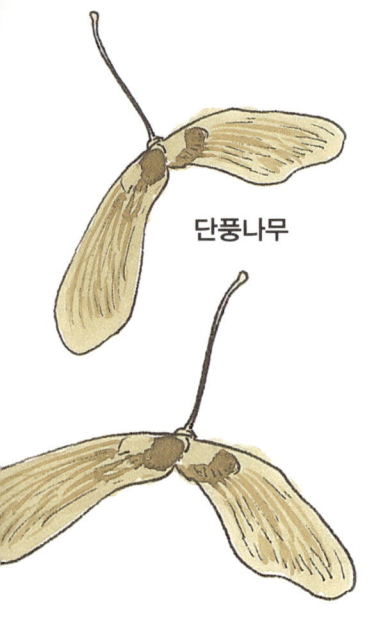
단풍나무

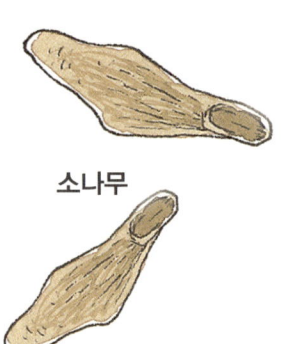
소나무

렇게 서로 자리다툼을 한답니다.

씨가 퍼져 나가서 다음 세대를 이루는 데에는 다음과 같은 여러 가지 방법이 있습니다.

가장 먼저 바람에 날리는 방법입니다.

난초의 씨앗은 먼지처럼 아주 작아서 바람을 타고 멀리 날아갑니다. 단풍나무의 열매는 두 개의 길고 굽은 날개를 달고 있는 재미있는 모양을 하고 있는데, 이것도 바람을 타고 날아가는 데 도움이 되지요. 솔씨도 날개를 가지고 있는데 마치 부메랑과 닮았습니다. 이 날개로 빙글빙글 돌면서 어미나무에서 멀리 날아갑니다. 민들레는 꽃받침이 변형

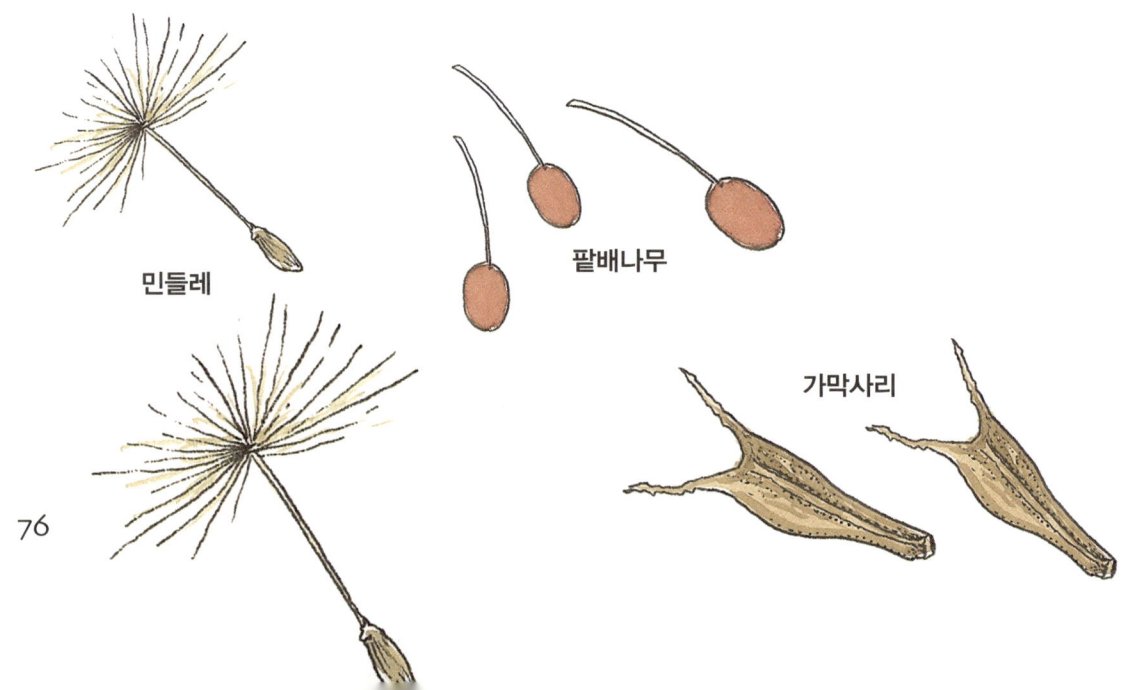
민들레
팥배나무
가막사리

된 깃털 모양의 '갓털(관모)'을 가지고 있어서 멀리 날아갈 수 있습니다. 이 민들레 씨앗을 보고 만든 것이 바로 낙하산이랍니다.

   물을 타고 가는 것도 있습니다. 코코넛이 대표적이지요. 섬유질로 된 코코넛 껍질은 가볍고 물이 잘 스며들지 않습니다. 가벼우니까 물에 둥둥 뜰 수 있지요. 다른 식물들의 경우에는 언덕배기에 떨어진 씨앗들이 빗물을 타고 퍼지기도 합니다.

   동물이 옮겨 주기도 합니다. 숲 속에 사는 털 많은 동물은 말할 것도 없고, 일상에서도 잠깐 외출을 나간 강아지 털에 여러 식물의 씨앗이 달라붙는 경

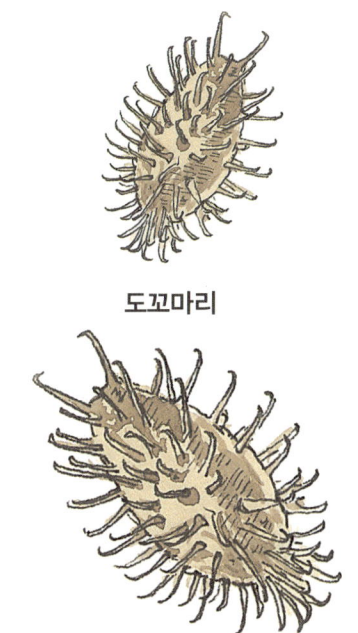

도꼬마리

제비꽃

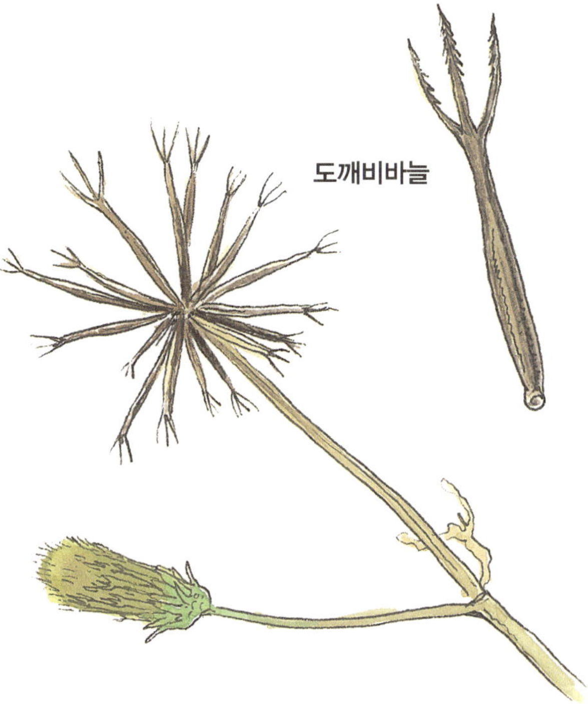

도깨비바늘

우가 흔합니다. 이때 강아지는 뒤늦게 몸에 붙은 씨앗을 발견하고는 가려워서 발로 털어 버립니다.

이런 식으로 씨앗은 원래 자리에서 멀리 떨어진 다른 곳에 자리를 잡을 수 있습니다. 열매나 씨가 갈고리, 낚시 바늘, 가시, 털 등 여러 가지 모양으로 동물의 몸에 달라붙는 것입니다. 도깨비바늘, 우엉, 당근, 도꼬마리, 가막사리 등이 그런 종류입니다.

털 달린 동물에 씨앗이 붙어서 퍼지는 것 말고도, 비둘기와 같은 새들은 열매를 먹지만 씨까지 소화시키지는 못하기 때문에 씨앗이 똥과 함께 나와 퍼지기도 합니다.

대부분의 과일들은 익기 전에는 엽록체를 가지고 있어서 이파리나 줄기와 구별하기가 어렵습니다. 그러나 다 익으면 대체로 빨간색, 노란색 등 고운 빛깔로 바뀌지요.

이것도 다른 동물의 눈에 잘 띄기 위한 것입니다. 식물이 동물더러 어서 열매를 먹어 달라고 조르고 있는 셈이에요. 그래야 동물이 열매를 먹고 배를 채운 뒤 다른 곳에 가서 똥을 누면, 거기 들어 있던 씨가 새로운 터를 잡을 수 있으니까요.

겨우살이 열매는 아주 빨갛고 매우 끈적끈적합니다. 이 열매를 먹은 새가 똥을 누면, 똥이 끈적거리기 때문에 엉덩이를 나무에 문지

르곤 합니다. 그리하여 그 나무 줄기에 씨를 묻히게 되지요. 겨우살이는 이렇게 참나무, 뽕나무 등의 줄기에 뿌리를 내려 양분을 빨아들이는 식물입니다.

스스로 열매나 꼬투리를 터뜨려 씨를 튕겨 내기도 합니다. 대표적인 것이 봉숭아예요. 제비꽃과 나팔꽃, 그리고 콩도 꼬투리에서 씨가 터져 나오지요. 햇빛에 콩꼬투리를 말려 보면 딱! 딱! 소리를 내면서 콩이 튕겨 나오는 소리를 들을 수 있습니다. 꼬투리가 말라 비틀어지면서 씨앗을 튕겨내는 것입니다. 콩꼬투리가 바싹 마르면 콩알도 봉숭아만큼은 아니지만 튕겨 나간답니다.

버릴 것이 없어요

지금까지 알아본 것처럼 식물은 씨와 열매를 만들어서 자손을 퍼뜨립니다. 식물의 씨와 열매는 새와 짐승들의 먹이가 되기도 하고 사람들의 식량이 되기도 합니다. 사람들은 벼, 보리, 밀, 옥수수 등의 곡물을 재배해서 먹습니다. 사람은 식물의 씨와 열매를 여러 가

> 나무는 맛있는 열매뿐만 아니라 감자, 생강 같은 줄기와 고구마, 무 같은 뿌리도 먹을 수 있어요. 그리고 땔감을 비롯해 옷감, 기름, 목재, 약재로 쓰임새가 아주 많아요. 식물은 이처럼 우리에게 없어서는 안 되는 소중한 자원이자 이웃이랍니다.

지 방법으로 이용하는 데에 뛰어난 선수지요.

동백의 씨는 기름을 짜서 머리에 바르기도 하고, 목화의 열매에서 뽑아낸 솜으로는 옷을 만들지요. 살구는 과일로 먹으며, 잣나무는 씨를 먹고, 비자나무의 열매로는 촌충이라는 기생충을 죽이는 구충제를 만들기도 합니다.

식물에서 약을 뽑아 내는 경우는 이 밖에도 많습니다. 주목에서 항암제, 은행나무 잎에서 혈액 순환제, 그 예를 들면 끝이 없을 정도입니다. 물론 동물에서도 생약을 많이 얻을 수 있지만요.

이처럼 먹고 입는 것 말고도 병을 낫게 하는 약까지 식물에서 얻어 가는 것이 사람입니다.

　사람에게 먹을 것과 입을 것, 약을 주는 식물들은 그렇게 하면서 자신들도 이익을 얻습니다. 사람이 먹기 위해서 애써 가꿔 주니 죽거나 멸종할 염려가 없는 것입니다. 어떻게 해야 자손을 널리 퍼뜨릴까 걱정하지 않아도 되니 식물들 입장에서도 편하지요.

　사람들은 살아 있는 한 반드시 벼와 보리를 심을 것이며, 살구나무와 사과나무를 가꿀 것입니다.

　이렇게 야생에서 자라는 동식물은 어느 것이나 귀하게 쓰이기 때문에 함부로 다루지 말고 보호하며 가꾸어야 해요. 특히 다른 나라에서는 찾을 수 없고 우리나라에만 사는 동식물은 귀한 재산이나 마찬가지랍니다.

민들레 씨앗의 비행

앞에서 씨가 퍼지는 여러 가지 방법을 엿보았어요. 그 가운데에서 민들레는 그 홀씨가 날아가는 모습을 보고 사람들이 낙하산을 만들었다고 했지요. 민들레가 씨를 날리는 방법은 자연의 신비 가운데 하나입니다.

민들레 한 송이는 여러 개의 작은 통꽃이 모여 이루어진 것이라고 했지요. 이 민들레의 기다란 꽃대 끝에 노란 꽃들이 가득 피고 나면 꽃 하나하나에 열매가 달립니다. 민들레 한 송이를 꺾은 다음 우리는 그저 입김으로 훅 불어 날려 보내기 일쑤입니다. 하지만 거기에 얼마나 많은 열매가 매달려 있는지 헤아려 보는 것도 과학적인 태도랍니다.

물론 각각의 송이에 따라 숫자는 다릅니다. 100개가 넘는 것이 있는가 하면 거기에 못 미치는 것도 있습니다. 공중으로 날려 보내기 전에 꼼꼼하게 세어 보세요. 이런 작은 행동 하나에서 과학하는 태도를 키울 수 있답니다.

그런 다음 열매 하나를 따서 자세히 들여다보세요. 밑에 씨앗이라고 할 수 있는 길쭉한 열매에 긴 자루가 붙고, 그 끝에 부드러운 솜털이 가득 나 있는 것을 볼 수 있어요.

마치 하늘에서 타고 내려오는 낙하산을 닮은 민들레의 솜털은 꽃받침이 변한 것으로, 머리의 갓을 닮았다고 하여 '갓털' 또는 '관모'라는 이름이 붙었습니다. 이 갓털은 말할 것도 없이 씨앗을 멀리 날려 보내기 위해 생겨난 것입니다.

민들레 열매는 습기를 잘 탑니다. 그래서 비가 오면 열매의 갓털을 닫아 버려요. 날씨가 맑게 개어 건조해지면 다시 갓털을 펼치고, 작은 산들바람에도 몸을 날려 먼 여행을 떠나지요. 산들바람이 아닌 센 바람을 만나면 무려 수백 킬로미터까지 날아간다고 합니다. 태어나서 한 번도 가 보지 않은 낯선 세계로 정처 없이 떠나는 것입니다.

그렇게 날아가다가 어딘가에 부딪치면, 갓털은 떨어져 나가 버리고 바로 그 자리에 씨앗이 떨어지지요. 그 떨어진 자리가 흙을 비롯해서 물과 온도, 공기가 적당한 자리라면 민들레는 거기에서 새롭게 피어나 자기 세상을 만들어 나간답니다.

마치는 글

여러분은 풀이나 나무를 생각하면 가장 먼저 무엇이 떠오르나요? 아마도 화려한 색과 모양을 지닌 꽃이 떠오를 겁니다. 그러나 꽃은 식물의 일부로서 자손을 퍼뜨리기 위해 피우는 것일 뿐, 전부는 아닙니다. 살아 있는 모든 생물이 그렇듯이 식물도 열매를 맺어 종족을 널리 퍼뜨리는 것이 삶의 가장 큰 목적이니까요.

그동안 매일같이 학교와 집 사이를 오가면서도 미처 눈여겨보지 못했던 것들을 한번 둘러보세요. 늘 볼 수 있고 냄새 맡을 수 있는 것이라 잘 느끼지 못했을 테지만, 가까이서 자세히 들여다보면 모든 것이 다르게 보일 겁니다.

풀과 나무들은 우리가 눈길만 주어도 좋아서 바람결에 살랑댑니다. 그것들의 이름을 하나하나 부를 수 있을 정도로 관심이 있다면, 그것이 이미 과학을 하는 마음입니다. 과학을 하기 위해서는 무엇보다 가까이 다가가는 마음이 필요합니다. 그리고 자세히 보는 것이야말로 과학의 첫걸음인 관찰의 시작이랍니다. 사람을 포함한 모든 동물이 살아가는 데 바탕이 되어 주는 자연의 어머니, 식물에게 더 큰 관심과 애정을 가지고 지켜봐야 하겠습니다.

식물은 이렇게 생겼어요

대부분의 식물은 잎, 줄기, 뿌리로 구성되어 있어요. 잎과 줄기, 뿌리 가운데 하나라도 없어서는 안 돼요. 각자 맡은 일을 열심히 해야 식물이 건강하게 살 수 있답니다.

식물은 이렇게 나누어요

식물			
꽃식물 (종자식물) 꽃을 피우고 씨앗으로 번식해요.	속씨식물	밑씨가 씨방으로 둘러싸여 겉으로는 보이지 않아요.	**쌍떡잎식물** — 그물맥, 규칙관다발, 원뿌리와 곁뿌리 **외떡잎식물** — 나란히맥, 불규칙관다발, 수염뿌리
	겉씨식물		씨방이 없어 밑씨가 겉으로 드러나요.
민꽃식물 (포자식물) 꽃을 피우지 않고 포자(홀씨)로 번식해요.	양치식물		고사리류라고도 해요. 습한 곳에서 잘 자라요.
	이끼식물		줄기와 잎의 구분이 있는 엽상체와 헛뿌리로 구성되어 있어요.
	조류		물속에 살며 잎, 줄기, 뿌리의 구별이 되지 않아요.

식물이 없으면 사람을 포함한 동물은 살 수 없답니다.
식물은 동물의 먹이가 되어 주고 동물이 숨 쉴 때 필요한 산소도 만들어 주거든요.
수백 년 된 아름드리 나무부터 이름 없는 풀 한 포기까지,
많고 많은 식물을 어떻게 나누는지 알아볼까요?

식물 찾아보기

❶ ▶ 1권   ❷ ▶ 2권

ㄱ

가막사리 ❷76, 78
가시 ❶25, 78, 103   ❷25, 78
갈래꽃 ❷58, 62
갈참나무 ❶59
감나무 ❶59
감자 ❶92   ❷24, 40
갓털(관모) ❶25   ❷77, 85
강낭콩 ❶27~35, 50, 89   ❷33
강아지풀 ❷30~33
개구리밥 ❷42, 43
개나리 ❶41, 70, 71
검정말 ❷71
겉씨식물 ❶45~48, 62   ❷46
겨우살이 ❷41~43, 78, 80
겹잎 ❶29, 61
곁뿌리 ❶32   ❷30, 31, 33, 40, 64
고구마 ❷24, 40
고로쇠 ❶66, 68

고마리 ❶59
고비 ❶43
고사리 ❶43, 44
고산 식물 ❶42
고추 ❷74, 75
곤충 ❶22, 63, 64, 74
　　 ❷47~50, 52, 65, 68, 69
공기 ❶16, 17, 29, 36, 37, 51~53, 92
　　 ❷34, 57, 70, 85
관다발 ❶96   ❷12~18, 32, 64
관목 ❶41
관상화 ❷59~61
광합성 ❶11, 15~17, 29~32, 58~64, 69,
　　　 78, 82~97, 103
교목 ❶41
국화 ❷58~62
그물맥 ❶48, 49, 62, 65   ❷31~33, 40, 64
극지 식물 ❶42
기공 ❶101~104   ❷33~34
기는줄기(포복경) ❷22
기생뿌리 ❷41, 42
꼬투리 ❶28, 29, 33   ❷80
꼭두서니 ❶71, 72
꽃 ❶22   ❷46~71
꽃가루(화분) ❶22   ❷47~51, 66~71
꽃가루받이(수분) ❶22   ❷47, 67
꽃눈 ❶78
꽃받침 ❷65, 66, 76, 85
꽃밥(꽃가루주머니) ❷66
꽃식물 ❶28, 42~45, 62   ❷43, 46

꿀벌 ❶22　❷68

끈끈이주걱 ❶78, 79

ㄴ

나란히맥 ❶49, 62, 65　❷31, 33, 64

나비 ❶22　❷47, 62, 68~71

나이테 ❶54　❷14, 17, 18

나팔꽃 ❷55, 58, 80

녹말 ❶91, 92

눈비늘 ❶78, 79

ㄷ

단풍 ❶23~25, 58, 59, 62, 66~68
　　　❷56, 76

담쟁이 ❷22, 23, 41, 43

당분 ❶30, 67, 68

대나무 ❶54　❷12

더덕 ❶75, 77　❷40

덩굴손 ❶78, 79　❷23, 25

덩굴줄기 ❷23

덮개유리(커버글라스) ❶104

도깨비바늘 ❶25　❷77, 78

도꼬마리 ❶23~25　❷77, 78

독립영양 ❶84

돌려나기 ❶71, 72

동백꽃 ❶78　❷70, 71

들깨 ❶77

등나무 ❷33

땅속줄기(지하경) ❷24

떡갈나무 ❶62

떡잎 ❶29~32, 48~50　❷64

ㄹ

리트머스 ❷54

ㅁ

마주나기 ❶70, 71

머루 ❶61, 62

메꽃 ❷22, 23, 58, 59

명아주 ❷30, 31, 33, 40

모세관 ❶96　❷35

목련 ❶59, 78, 79　❷50

무 ❷32, 40, 41, 62, 69

무기양분 ❶16, 20, 32, 64
　　　　　❷30, 32, 34, 36, 40

무꽃 ❷63~66

물 ❶16, 17, 20, 21, 29~36, 64, 69, 82, 85,
　　　 90~103
　　❷15~19, 28~35, 71, 77

물관 ❶64, 69, 89, 96, 97
　　　❷13~19, 32~35, 43

물속뿌리 ❷43

물수세미 ❷71

뭉쳐나기 ❶70, 71

미생물 ❶10　❷40

민꽃식물 ❶42, 43, 48 ❷46

민달팽이 ❶42

민들레 ❶25, 45, 46, 48, 49, 70
❷55, 58, 62, 76, 77, 84, 85

민무늬근 ❶42

민물 ❶42

ㅂ

바람 ❶77, 99~101 ❷48, 68~70, 76, 85

박가시나방 ❷50

박꽃 ❷50

받침유리(슬라이드글라스) ❶104

배 ❶30, 50

배꼽 ❶29~31

배설물 ❶66, 67

배젖 ❶30, 50

백합 ❶45~49, 78 ❷15~17, 58

버팀뿌리 ❷41, 42

벌레잡이식물(식충식물) ❶78, 79

베고니아 ❶74

벼 ❶29, 48~54 ❷70, 80, 83

볏과식물 ❶54

보리 ❶45, 46 ❷70, 80, 83

본뜨기 ❶64, 65

봉숭아 ❶23, 48, 49, 90, 98 ❷52~54, 80

부름켜(형성층) ❶54 ❷13~15

붉나무 ❶61

붓꽃 ❷55, 63

붕어마름 ❶43, 52 ❷71

붙음뿌리 ❷41, 43

비늘잎 ❶78

빛에너지 ❶82, 84, 87

뿌리 ❶16, 20~22, 30~36, 51~53, 64, 78, 82, 96~97, 102
❷15~19, 23, 24, 28~43, 64

뿌리줄기 ❶44

뿌리털 ❷30, 32, 34, 35

ㅅ

산사나무 ❷25

산성 ❷53~56

산소 ❶16, 30, 63, 83, 84, 89, 92~95, 101

상추 ❶74, 77

생산자 ❶84

생식기관 ❷46, 47, 66

선인장 ❶78, 103 ❷25, 70

선태식물 ❶43

설상화 ❷58, 60, 61

세균 ❶10, 32, 35

세포 ❶66, 86, 87 ❷33, 54, 57

소나무 ❶14, 18, 41, 45~47, 60, 62, 70, 72
❷12, 70, 76

소비자 ❶84

소엽 ❶29, 61

속씨식물 ❶29, 45~49, 62, 65 ❷46

솔이끼 ❶43

송진 ❶75, 77

수매화 ❷48, 71

수산화나트륨 ❷54

수소 ❶95

수술 ❷50, 51, 61, 65, 66, 68

수술대 ❷66

수염뿌리 ❷30, 31, 33, 64

수정 ❷47, 67, 68

수중 식물 ❶21, 43, 51, 101   ❷71

습도 ❶68, 99, 101

식물학 ❶42

식초 ❷53, 54

신갈나무 ❶61, 62

신나무 ❶67

실험 ❶27, 33, 89, 90, 97~99
　　 ❷15, 17, 52~54

쌍떡잎식물 ❶28, 29, 48~50, 54, 62, 65
　　　　　 ❷12~15, 31, 33, 34, 40, 46,
　　　　　　 63, 64

씨눈 ❶50

씨방 ❷61, 67

씨앗 ❶22~36, 43, 46, 50
　　 ❷29, 61, 74~80, 84~85

ㅇ

아까시나무 ❶59   ❷36

안토시아닌(화청소) ❷54~57

알칼리성 ❷53~56

암술 ❷50, 51, 60, 61, 65~68

암술대 ❷60, 67

암술머리 ❶22   ❷47, 51, 67~69

액포 ❶66~68   ❷54

약용 식물 ❶42

양버즘나무 ❶17, 41

양성화 ❷50

양엽 ❶72

양잿물 ❷52~53

양치식물 ❶43, 44

양파 ❶77~79

어긋나기 ❶70, 71

어린눈 ❶50

어린줄기 ❶50, 101

얼개 ❷65, 66

여러해살이 식물 ❶42, 54   ❷12

연근(연뿌리) ❶51, 52

열매 ❶22~29, 69   ❷51, 67, 74~85

열편 ❶68

염주말 ❶43

엽록소 ❶15, 69, 86, 91

엽록체 ❶10, 15, 16, 28, 29, 82~89, 95, 103
　　　 ❷78

엽육 ❶65

영양기관 ❷46

영양분 ❶11, 15, 16, 82, 84   ❷19, 41

오이 ❶78   ❷25, 69

옥수수 ❷41, 42, 70, 80

온도 ❶29, 30, 69, 82, 95, 99~101   ❷85

완두콩 ❶78, 79

왕대 ❶54

외떡잎식물 ❶29, 48~50, 54, 60, 62, 65
❷12, 15, 31, 33, 63, 64

요오드 ❶91, 92

요오드녹말 반응 ❶92

우산이끼 ❶43

우엉 ❷40, 78

원뿌리 ❶32 ❷30~34, 40, 64

유기양분 ❶16,20 ❷40

육지 식물 ❶51

으름나무 ❶59

은행나무 ❶47, 70, 71 ❷82

음엽 ❶72

이끼류 ❶42, 43

이대 ❶54

이산화탄소 ❶15, 16, 82~85, 92, 93, 101

인공 수분 ❷69

인삼 ❷40

잎 ❶15~20, 58~104 ❷33~35, 46

잎눈 ❶78

잎맥 ❶48, 49, 62~65 ❷31, 33, 64

잎몸 ❶61

잎차례 ❶72

작두콩 ❷23

잠자리(시맥) ❶63

잣나무 ❶47 ❷12, 82

장미 ❶45, 46 ❷15, 17, 25, 58, 59

재물대 ❶104, 105

저장뿌리 ❷40, 41

저장엽 ❶78

전나무 ❶47, 62

제비꽃 ❷58, 59, 62 ,77, 80

조류 ❶43

조릿대 ❶54, 59 ❷12

조매화 ❷70, 71

종속영양 ❶84

주목 ❷82

줄기 ❶17~20, 29~35, 51~52, 54, 96~103
❷12~25, 40~43, 46, 64, 78, 80

증산작용 ❶16~17, 69, 82, 96~102
❷33

지상경 ❷24

진달래 ❶41,45, 46, 48, 49 ❷54

찔레 ❶70 ❷25, 50

ㅈ

자가불임 ❷51

자가수분(제꽃가루받이) ❷51

자두나무 ❷51

자작나무 ❷12

ㅊ

참나무 ❷42, 80

체관 ❶64, 96, 97 ❷13~19

측백나무 ❶62

칡 ❷23

ㅋ

카로티노이드 ❷55~57
카로틴 ❶68
칸나 ❷24
코스모스 ❷62, 63
코코넛 ❷77
콩과식물 ❶27
콩나물 ❶89
크산토필 ❶68

ㅌ

탄수화물 ❶30, 84
토끼풀 ❶61 ❷58
토마토 ❶77
통기 조직 ❶51
통꽃 ❷58~62, 84
통발 ❶78
튤립 ❶78, 79

ㅍ

포도 ❷25
포도당 ❶82~84, 92, 95
포충엽 ❶78, 79
표피 ❶104 ❷12, 13, 14, 30, 32
풍매화 ❷48, 69, 70

프레파라트 ❶104, 105
플라스크 ❶98~100
피층 ❷12, 13, 32

ㅎ

한살이 ❶14, 27, 35
한해살이 식물 ❶42 ❷12
해바라기 ❶70~71 ❷58, 61, 62
해장죽 ❶54
해캄 ❶43
햇빛 ❶15~20, 82~90, 95, 98, 101 ❷21, 75, 80
허브 ❶76
현미경 ❶44, 87, 104, 105 ❷30
호박 ❶78 ❷25, 58, 69
호박꽃 ❷50
호박벌 ❷50
홀씨(포자) ❶43, 44 ❷84
홀씨주머니(포자낭) ❶44
홑잎 ❶61, 62
화분 ❷66
화학에너지 ❶84, 87
회양목 ❶70